基于图式的分数基本性质教学研究

葛素儿　张君霞　著

知识产权出版社
全国百佳图书出版单位

图书在版编目（CIP）数据

基于图式的分数基本性质教学研究 / 葛素儿 , 张君霞著 . — 北京 : 知识产权出版社 , 2019.7
ISBN 978-7-5130-6339-5

Ⅰ . ①基… Ⅱ . ①葛… ②张… Ⅲ . ①小学—教学研究 Ⅳ . ① G622.0

中国版本图书馆 CIP 数据核字（2019）第 126444 号

责任编辑：张　冰　　　　　　　　　　　　责任校对：谷　洋
封面设计：杭州富阳正大彩印有限公司　　　责任印制：刘译文

基于图式的分数基本性质教学研究

葛素儿　张君霞　著

出版发行： **知识产权出版社** 有限责任公司		网　　址：http://www.ipph.cn	
社　　址：北京市海淀区气象路 50 号院		邮　　编：100081	
责编电话：010-82000860 转 8024		责编邮箱：740666854@qq.com	
发行电话：010-82000860 转 8101/8102		发行传真：010-82000893/82005070/82000270	
印　　刷：杭州富阳正大彩印有限公司		经　　销：各大网上书店、新华书店及相关专业书店	
开　　本：787mm × 1092mm 1/16		印　　张：12	
版　　次：2019 年 7 月第 1 版		印　　次：2019 年 7 月第 1 次印刷	
字　　数：215 千字		定　　价：69.00 元	

ISBN　978-7-5130-6339-5

序　言

　　"分数的基本性质"教学在整个小学数学教学中，有着十分重要的地位。本书从多个视角对这一内容作了系统研究，不但为广大的一线教师和研究人员提供了十分有价值的研究成果，而且为"一课研究"这个大花园增添了一抹鲜艳的色彩。

　　本书逻辑框架清晰，主要从以下几个维度对"分数的基本性质"的教学展开了研究：

　　（1）数学知识维度。一名数学教师要围绕一节课的知识点上好这节课，就应该比小学生掌握更多的数学知识，人们常常称这些知识为本体性知识，本书中形象地称之为"上位数学知识"，它是针对"分数的基本性质"这一内容，寻找初中、高中（或中等师范学校）、大学中与这节课相关的数学知识。很显然，没有上位数学知识是无法上好这节课的，但只有上位数学知识还远远不够，必须从上位数学知识中获得对小学数学教学的启示。也就是说，要把围绕这节课的上位数学知识与小学数学紧密结合，指导小学数学教学。本书清晰地阐述了"分数的基本性质"的本体性知识，很好地解决了教师在知识上的"一桶水"问题。

　　（2）课程标准维度。从理论上说，教师有了数学知识以后，首先要关注的就是课程标准（或教学大纲）。这是因为数学课程标准是一个规定了数学学科的课程性质、目标、内容和实施建议的教学指导性文件。对"分数的基本性质"的教学展开研究应该从最高的纲领性文件入手，明确这节课的目标定位。本书作者不但查阅了我国自20世纪初到现在的一百多年中所有的数学课程标准（或教学大纲），还查阅了许多国外的数学课程标准，从国内外数学课程标准的视角，对"分数的基本性质"这节课的要求作了分析，并从中获得启示。

　　（3）理论研究维度。本书以图式为主线，对分数基本性质的研究进行了整体架构，设计了基于图式化素养的"一课研究"整体框架。在教材比较、学生研究、教学设计等重要维度，分别提炼了教材比较研究微格分析工具、学生图式思维水平测评工具、教学同课异构三维路径等可操作模型，阐述了素养导向下如何展开教学研究的思路。核心素养是近年来基础教育改革的聚焦点，基于素养立意的"一课研究"，是一件十分有意义的工作。

（4）教材比较维度。数学教材为学生学习"分数的基本性质"提供了基本线索和知识结构，它是重要的数学课程资源。本书对"分数的基本性质"的教材内容，基于"读图""表征""互译"等图式思维核心元素，从多个维度进行了深入分析，对同期出版的不同版本的教材进行了比较。这样的教材比较研究可以帮助数学教师在教授"分数的基本性质"这节课时，能够开阔视野，寻找到更多有价值的课程资源。

（5）学生研究维度。本书研究了学生的学习起点(前测)和掌握情况(后测)，并对学生的错误进行研究。在整个研究中，不但告诉读者在教学过程中学生知道了什么（能做什么）、不知道什么（不能做什么），而且还对于知道或不知道的学生，从他们的能力角度出发，进行了更为详细的分层，建立了基于图式水平测量的评价标准。这些研究不但对"分数基本性质"的教学提供了直接的帮助，而且也为其他教学内容的学生研究提供了很好的范例。

（6）教学设计维度。本书对"分数的基本性质"这节课的教学设计进行了综述，就是把散见在各种杂志和专著上的教学设计成果进行了整理与分析(例如，查阅《小学数学教师》《小学教学》《教学月刊》等杂志)，试图明确这节课现有的所有研究成果。本书首先从目标、引入和过程三个方面对教学设计进行了宏观综述，其次尝试着从意义建构、学习方式、价值取向三个层面切入，提供了九个立意不同的课例，并从理论与实践两个维度对这些课例进行了点评与分析，相信读者一定会深受启发。

从一节课的研究到一类课的把握，再到一个领域的理解，需要一种核心的价值引领，理论研究和教学实践紧密融合的研究思路在整本书里有着较好的体现。本书以图式这"一点"为主线，以分数基本性质这"一课"为载体，逐步聚焦到立足于图式化素养培养的价值观层面。显然，这样的研究站位是比较高的。同时，在书中我们时时能感受到研究者的结构化思维方式，在"一课研究"的几个重要维度里，他们都先呈现研究框架模型，再在这些模型体现的整体视角下，有序推进实践研究，这样的研究思路是值得借鉴的。

完成本书的是"一课研究"团队成员，他们是葛素儿、张君霞、徐炳寿、陈张伟这四位教师。作为一线教师，他们都带班教学，在完成所有教学工作后，还能不断研究撰写这部专著，充分体现了他们对于专业发展持之以恒的追求和十分坚强的意志，展现了他们能够很好地团结合作的优秀品质。相信读者一定能够从本书中读到他们的快乐与艰辛，从而激励自己更进一步提升专业水平。

以上是笔者阅读本书后的体会，是为序。

朱乐平

2019 年 3 月于杭州

前　言

2015 年 6 月 30 日,在杭州市胜利实验学校,浙江省网络名师朱乐平工作室学科带头人培训开启。

那一天,我在微信朋友圈里这样写道:"上午,对话与交流,被指名发言三次,对于一个习惯于当听众的人来说,非常地不适应。下午,'一课研究'之路开启,聆听智者的声音……"那一天,我抽到了一个上签,"分数的基本性质"。与我同样幸运的是丽水的小姑娘——张君霞老师,她也抽到了这节课。于是,我们成了研究小伙伴,成了"一课研究"团队的插班生。

作为一名插班生,要想很快地在一个优质群体里找到存在感和归属感,很难。我很喜欢线上的学习,很随意,在聆听电脑那端那些充满智慧的声音的同时,我还能顺便做一点儿自己的事。线下的学习,我一般就坐在不引人注目的角落里。

如此过了一年。这一年中,除了阅读一些文献,我们的课几乎没有实质性的进展。我也一度产生了退意,好在退意在萌芽状态被扼杀了。2016 年的夏天,"一课研究"团队注入了新鲜血液,徐炳寿老师、陈张伟老师加入了我们的"分数的基本性质"小团队。现在回想,幸好当时坚持了下来,有时候放弃也就是一念之间的事,但"走过去,前面是个天"。

2016 年 7 月,"一课研究"线下培训再开始的时候,在我这里,"一课研究"之路正式开始了,我们四个人的"战役"也拉响了号角。张君霞老师进入状态比我早得多,虽然她操作得有点懵里懵懂,但确实去做了一些事,比如学生前测,比如该课的"同课异构"。当然,在之前那一年里,我虽然没有做过具体的研究,但不表示我心里没有想过。

这些年,我一直在做有关"图式"的"一点研究"。数学是深奥的,学生期待的却是生动的数学学习,有充满着"情趣"而不失"理趣"的数学学习吗?一定是有的,图式表征就是这样一种学习方式。分数基本性质的教学,一定是需要以图式为支架的,图式可以为学生创造一个主动理解等值内涵的机会。我相信，我的"一点研究"是能和我们这"一课研究"融合的。

实践证明，当我的"一点研究"遇见"一课研究"时，仿佛练武之人的任督二脉被打通，呈现出豁然开朗的状态，研究得别有洞天。我们以"分数的基本性质"为载体，教材研究、学生研究、教学设计等维度都以"图式思维"为核心，强调"读图""表征""互译"等图式化活动方式，逐步聚焦到立足于图式化素养培养的价值观层面，逐步内化属于我们自己的基于图式的"核心思想"。我们在"一点＋一课"的研究中，静待"分数基本性质"这朵美丽花开。

过程是美好的。

我们在过程中感受着研究的魅力。真的下决心开始到现在也不过一年多了一个月而已，这节奏还是挺让人自豪的。记不清，有多少个晚上，跟张君霞老师或微信或 QQ 交流"一课研究"中的问题，一不留神过了午夜是常有的事，她几乎是我除家人以外联系最密切的人。也记不清，有多少个晚上魂牵梦萦，就如魔怔般地想着我们的"分数的基本性质"。

每一个维度的研究，都不是一件轻松的事。例如"上位知识"的研究，非常考验一个老师的本体性知识，徐炳寿老师凭着严谨的态度，查阅了大量的资料，交了一份完美的答卷。又如"学生研究"，边测试边调整，前前后后，六套方案，超过 1000 人次的学生参与了问卷调查。让学生测一下或许不难，但要把测试的结果整理出来并进行分析，这是一个浩大的工程。张君霞老师做好了。两场报告，引来夸赞无数。还有陈张伟老师，在"课程标准""教材习题""学生错题"三个板块的研究中发挥着她的力量，每当拿到她思路清晰、表达清楚的文章时，我就会不由自主地在心里发出赞叹。过程是艰辛的，收获是满满的，因为获得，回味起来就显得特别美好。

研究是有魅力的，是会让人着魔的。张老师说，她从一开始的没有问题，到有无数个问题，再聚焦到核心问题，最后到一个个问题被解决，这个过程永生难忘。记得 2017 年 4 月份，为了我们的"一课研究"，她千里迢迢地从丽水赶到富阳来。当晚 11 点的时候，她给我发了画好的"纸带"（学具）照片，并说现在满手是墨汁。脑补那场景，我在大半夜里笑出了声，情不自禁地把我俩的对话截图发了微信，并在朋友圈感言："三更半夜，一个人在酒店折纸条，涂涂画画，弄得自己满手是墨。其他职业的人看我们老师，是不是觉得我们很傻？"

傻吗？不！那是乐在其中，别人感受不到的幸福感。

我们在过程中享受着合作的快乐。说起我们的四人小团队，真的挺感动。这一年多来，过程中没有一丝的不愉快。四个真性情、真研究的人在一起，不善与人沟通的我，不必去担心交流会有障碍，任务会分不下去。徐炳寿老师，学校的副校长，很务实，很忠厚，每一次学习必定在，每一次把任务给他时，他绝无二话，肯定是这两个字："好的"，干净利落。陈张伟老师也是如此，总是爽快地领了任务，按时完成，不会有半点拖延。张君霞老师更不用说，我总是感慨，是什么力量支配着，让她对工作、对研究，有那么高的热情？在我们的研究中，她起着举足轻重的作用。合作是快乐的，过程是和谐的。想想我们四个人，那是多一个不能、少一个不行的感觉，刚刚好。徐炳寿老师说："我们深知为什么'三个和尚没水喝'，也知道为什么'三个臭皮匠赛过诸葛亮'。参加'一课研究'，是在我取得高级职称以后的又一次挑战，每次的交流，每次的活动，每次的任务我都尽我所能去做一个'臭皮匠'。"

我们在过程中聆听智者的声音。这个智者，当然是我们的导师朱乐平老师。朱老师是一个睿智的学者，也是谦和的长者。跟着朱老师前行，于我而言，不仅仅是一种学习，更是一种修炼。这种修炼，不仅表现在教书育人上，也表现在为人处世上。

对此，我们四个人都有着深切的感受。陈张伟老师发表了这样的感受："这一年来，我感受最深的就是朱老师常说的那几句话，先学做人再做学问，对好的文章要反复地看，甚至要把它背下来，不是因为有希望才去坚持，而是因为坚持了才有希望。因为去年也刚好是自己比较迷茫的时候，这些话对我很受用，觉得这一年很充实快乐！"师从朱老师，是我们之幸。我们会珍惜这来之不易的缘分，坚持"一点＋一课"研究，坚守自己那颗安静的心，用心书写自己的成长之书。

本书的完成，对我和张君霞老师来说是用时两年，对徐炳寿和陈张伟老师来说是用时一年。在智者的引领下，在大团队的推动下，在小团队的合作下，在自身的努力下完成了。其实我们每个人都是一个"臭皮匠"，在团队前行的过程中尽可能让自己的作用最大化。这本书是我们分工合作的集体智慧结晶，各章节的作者如下：第一章，徐炳寿；第二章，陈张伟；第三章，葛素儿；第四章第一、二节，葛素儿，第三节，陈张伟；第五章第一至三节，张君霞，第四节陈张伟；第六章第一节，徐炳寿；第二至四节，分别由葛素儿、张君霞、陈张伟完成。全书整体架构和后期统稿由葛素儿完成。

　　在研究中，我们尝试以一种价值观引领一节课，今后力求实现与此相关的一类课、一个领域的突破。相信这样一节课的研究足以成为一个老师精神成长史上的里程碑，我们会再坚持。感谢过程中所有帮助过我们的人。限于我们的水平，本书肯定存在许多不足与疏漏之处，敬请大家批评指正。

葛素儿

二〇一七年八月十五日

目　录

第一章　上位数学知识的解读与启迪

第二章　课程标准的比较与启示

第三章 素养导向下的整体架构

第四章 教材资源的横向比较与理解

第五章　学情研究的路径与实证

第六章　教学设计的多维建构与实践

第一章　上位数学知识的解读与启迪

分数的基本性质是小学数与代数这一板块教学的重要内容之一。为什么称之为分数的基本性质？分数的基本性质与分数的定义，以及除法、比等有什么重要的联系？它和今后初中的数学学习又有什么关联？在各版本教材中，是如何定义分数的基本性质的？国内外的专家、学者对它又是如何理解的？这些都是小学数学教师需要了解的相关上位数学知识，有助于教师更好地把握教材，进行有效的教学设计。

第一节　上位数学知识的解读

针对一节小学数学课而言，上位数学知识是指高于小学数学知识的初中、高中甚至大学中与之相关的数学知识。这对于小学数学教师把握一节课的内在逻辑结构，解读一节课的内涵与价值，用长远的视角审视一节课，以及进行教学研究有着至关重要的作用。

一、分数的定义与理解

分数是小学阶段一个重要的数学概念，是小学生学习数学的重点与难点。在研究分数的基本性质这节课前，有必要先把"分数"这一概念做深层次的理解。

（一）分数的含义

> **思考**
>
> 在你掌握的相关资料中，看到过哪些不同形式的分数的含义？你能用语言描述一下分数是什么吗？

分数的含义有多种不同的表达方式，下面列举 8 种：[①]

[①] 范文贵.小学数学教学论［M］.上海：华东师范大学出版社，2011:132-134.

（1）整数相除的结果。在此，整数相除的结果是指分数被视为两个整数相除的结果，也就是分数是两个整数相除的商。

（2）部分与整体。部分与整体的意义就是在连续量中部分与整体的关系，将分数表征成把一个连续的整体等分后，其中的几部分与该整体相比较的结果。这就是教材里所说的分数是把一个单位平均分之后表示其中的一份或几份的数。

（3）子集和集合。当全体是离散量时，分数的意义为子集和集合的关系，此时将分数表征成一个集合（离散量）等分后，其中的几组与该集合相比较的关系。此时，单位量的确认是个难点，也是掌握分数的关键点之一。

（4）数线上的一个数值或点。分数是数线上的一点，强调分数是实数系的子集合，从而建立分数的数线表示与集合表示之间的联系。其定义方法如下：固定一个自然数 $n > 0$，将单位线段 $[0,1]$ 分为 n 个相等的部分，那么 $\frac{1}{n}$ 表示 0 右边第一个分点。$\frac{1}{n}$ 的所有倍数就构成了一列与 n 有关的等距点。当 n 取 1，2，3，…时，由上述定义方式得到的所有列的全体就定义为所有分数。

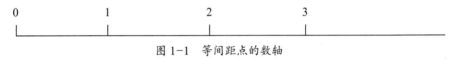

图 1-1　等间距点的数轴

一般来说，用 $\frac{m}{n}$（对于任意自然数 m，n，其中 $n \neq 0$）表示的分数是这样一个点：当单位线段 n 等分时，它是靠近 0 的第一个分点的 m 倍。

因此，分数被认为是用一种特殊方法在数轴上构造的点。这个定义将成为讨论分数的出发点，也可以用这个定义解释有关分数的一切结论。

（5）比值。将分数表征成两个数相比的比值、两个连续量相比的结果，这和视为整体与部分关系的差异在于，后者是同一量中的比较，而比值则是两个单位量之间的关系。所以说，分数是 q 与 p 之比。

（6）公理化定义。有序的整数对 (p, q)，其中，$p \neq 0$。

（7）单位量概念。所谓的单位量概念是分数概念之下的一个子概念，单位量又称为"整体量"或"单位整体量"，分数的"部分—整体"概念是一个整体等分后，表示其中被指定的部分与整体的关系，单位量就是"部分—整体"中的"整体"。

（8）等值分数。所谓等值分数是指两个分数的分子和分母的数字虽然不相同，但是大小相等。等值分数的不同名称，在符号上，形成的规则是扩分或约分，也就是分数的基本性质。在图形表征方面，等值分数指同一整体可以有不同的分割活动的概念。例如，对于同样大小的长方形而言，$\frac{1}{2}$也可以说成$\frac{2}{4}$，其所代表的面积大小相同，只是一个表示平均分割成两份中的一份，另一个表示平均分割成四份中的两份。等值分数的特性就是分数的名称、分子和分母改变了，但其本质不会改变，即不改变量的大小。

（二）等价分数与等价分数定理

> **思考**
>
> 　　如何判断两个分数是否相等？用什么方法来解释两个分数相等？

描述同一个量的两个不同的分数，称为等价分数。我们可以提供一种方法构造等价分数，给一个数乘一个等于 1 的分数，将得到这个数的另一种写法，如

$$\frac{1}{2} \times 1 = \frac{1}{2} \times \frac{2}{2} = \frac{2}{4}, \frac{1}{2} \times 1 = \frac{1}{2} \times \frac{3}{3} = \frac{3}{6}$$

其中分数$\frac{1}{2}$、$\frac{2}{4}$、$\frac{3}{6}$是等价分数。

给定两个分数$\frac{m}{n}$和$\frac{k}{l}$，若存在非零自然数 c，使得

$$k = cm \text{且} l = cm$$

则
$$\frac{m}{n} = \frac{k}{l}$$

这通常被称为等价分数定理，有时又被称为分数的约分法则。

从分数概念发展的角度来看，任意给定两个分数，可以把它们放在平等的地位上，即它们用等价分数可以表示成具有同分母的分数（或称为分数符号）。例如，给定两个分数$\frac{m}{n}$和$\frac{k}{l}$，其中 m、n、k、l 是任意自然数，则它们分别等于$\frac{lm}{ln}$和$\frac{km}{kn}$。

二、面积模型与几何直观的内涵

成功的数学教学必须将学科内容"翻译"成"学生的语言"，用"学生的语言"和学生交谈。小学生的思维正处于具体演算阶段，"分数""分数基本性质"的教学需要直观作为支撑。直观可以让学生将自己的数学思想以可视化的形式

表达出来。面积模型是一种载体,几何直观是一种学习方式,如果想要用好直观,有必要对"面积模型"和"几何直观"的内涵进行解读。

(一)面积模型的内涵

思考

你了解面积模型吗?在分数学习中它能发挥怎样的作用?

单位正方形的面积可以称为面积模型。单位正方形是指边长为 1 的正方形,它在分数理论发展中有着重要的地位。它具有以下一些基本性质[①]:

(1)平面内区域的面积总是一个数。

(2)单位正方形的面积定义为 1。

(3)如果两个区域全等,那么它们的面积相等。

(4)如果两个平面区域至多相交于边界,那么由这两个平面区域拼起来的新区域的面积恰好等于这两个区域的面积之和。

例如,$\frac{1}{4}$ 就表示把单位正方形任意分割为面积相等的 4 部分,$\frac{1}{4}$ 可以表示其中的一部分,因此 $\frac{1}{4}$ 就可以用很多不同的图形来表示。

在分数基本性质的教学中,可以用长方形、正方形、圆形等图形的分割图和扩充图作为理解其内涵的面积模型。[②]

(二)几何直观的解读

思考

何为几何直观?它与数形结合有什么关系?

顾名思义,几何直观所指有两点:一是几何,在这里几何是指图形;二是直观,这里的直观不仅仅是指直接看到的东西(直接看到的是一个层次),更重要的是依托现在看到的东西、以前看到的东西进行思考、想象。综合起来,几何直观就是依托、利用图形进行数学的思考和想象。本质上,它是一种通过图形所展

---

① [美]伍鸿熙(Hung-His Wu)著.数学家讲解小学数学 [M].赵洁,林开亮,译.北京:北京大学出版社,2016:175-176,171.

② [美]伍鸿熙(Hung-His Wu)著.数学家讲解小学数学 [M].赵洁,林开亮,译.北京:北京大学出版社,2016:159-160.

开的想象能力。

"几何直观"体现的是"数形结合"的思想。"数形结合"的应用大致又可分为两种情形：一种情形是借助于数的精确性来阐明形的某些属性，即"以数解形"；另一种情形是借助于形的几何直观性来阐明数之间的某种关系，即"以形助数"。那么，几何直观就是第二种情形。[①]

三、分数基本性质的内涵理解

什么是分数的基本性质？如何理解"基本"？这些看似寻常的问题背后有着深刻的内涵。

（一）分数的相等与不等

 思考

在算术理论中，分数的相等和不等是怎样的？如何定义？

在 1983 年上海市小学教师进修学校教材编写组编写的《算术基础理论》中是这样定义的：

定义 1：如果第一个分数的分子与第二个分数的分母的积等于第二个分数的分子与第一个分数的分母的积，那么这两个分数相等。就是对于两个分数 $\frac{a}{b}$ 和 $\frac{c}{d}$：

如果 $ad=cb$，那么 $\frac{a}{b} = \frac{c}{d}$。

定义 2：如果第一个分数的分子与第二个分数的分母的积大于（或小于）第二个分数的分子与第一个分数的分母的积，那么第一个分数就大于（或小于）第二个分数。就是对于两个分数 $\frac{a}{b}$ 和 $\frac{c}{d}$：

如果 $ab > cd$，那么 $\frac{a}{b} > \frac{c}{d}$；

如果 $ab < cd$，那么 $\frac{a}{b} < \frac{c}{d}$。[②]

---

①中华人民共和国教育部.义务教育数学课程标准（2011 年版）［M］.北京：北京师范大学出版社，2011.

②上海市小学教师进修学校教材编写组.算术基础理论［M］.上海：上海教育出版社，1983:179–180.

（二）分数的基本性质

思考

> 分数的基本性质具体内容是什么？与它相似的基本性质有哪些？后续还要学习哪些内容？

在《算术基础理论》一书中，是这样表达的：

定理：如果一个分数的分子和分母同时扩大（或缩小）相同的倍数，那么分数的大小不变，即

（1）$\frac{a}{b}=\frac{am}{bm}$（$m$ 是自然数）。

（2）$\frac{a}{b}=\frac{a\div m}{b\div m}$（$m$ 是自然数）。

这个定理叫做分数的基本性质。

由分数的基本性质可以推得：

（1）分子和分母相同的分数等于1。

（2）任意整数 m 都可表示为以任意自然数作分母的分数。[①]

在小学里与分数的基本性质相似或相关的基本性质还有：

（1）商不变性质：在除法里，被除数和除数同时扩大（或缩小）相同的倍数，商不变。

（2）比的基本性质：比的前项和后项同时乘（或除以）同一个不为0的数，比值不变。

其实，这两个性质都可以用分数的基本性质来解释或证明。

在初中的数学中，我们还要学习与分数的基本性质有关的性质：

（1）$A\div B=A\times\frac{1}{B}$。

（2）组成：在分式中 A 称为分式的分子，B 称为分式的分母。当分母 B 为0时，则分式无意义。

（3）分式值为0的条件：在分母不等于0的前提下，分子等于0，则分数值为0。

注意：分式的概念包括3个方面：①分式是两个整式相除的商式，其中分子为被除数，分母为除数，分数线起除号的作用；②分式的分母中必须含有字母，

---

①上海市小学教师进修学校教材编写组.算术基础理论［M］.上海：上海教育出版社，1983:182.

而分子中可以含有字母，也可以不含字母，这是区别整式的重要依据；③在任何情况下，分式的分母的值都不可以为 0，否则分式无意义。这里，分母是指除式而言，而不是只就分母中某一个字母来说的。也就是说，分式的分母不为 0 是隐含在此分式中而无须注明的条件。

除式是指 $\frac{A}{B}$ 这一整体为除式，而除式中的被除数是指 A，除数是指 B。

（4）分式的基本性质：分式的分子和分母同时乘以或除以同一个不为 0 的整式，分式的值不变。字母表示为 $\frac{a}{b} = \frac{ac}{bc} = \frac{\frac{a}{c}}{\frac{b}{c}}$。

（5）约分：把一个分式的分子和分母的公因式约去，这种变形称为分式的约分。

（6）通分：把几个异分母分式分别化为与原分式值相等的同分母分式，叫做分式的通分。

注意：①约分和通分的依据都是分式的基本性质；②分式的约分和通分都是互逆运算过程。

第二节　上位数学知识研究对教学的启示

弄清有关分数基本性质的上位数学知识，主要是为了理清知识的来龙去脉，清晰地把握这节课的教学目标，恰当地处理它与商不变性质、比的基本性质乃至初中的分式基本性质之间的关系，进行合理有效的教学。

一、帮助学生理解等值分数

儿童在理解等值分数概念时技能和知识的发展路径，可以概括为四个水平：

水平 1：能够识别简单面积模型表示的 $\frac{1}{2}$ 的量。例如，认识长方形和圆形的一半。

水平 2：能够识别简单面积模型表示的分数值。例如，将一个圆平分成 8 份，取其中的 3 份，表示分数 $\frac{3}{8}$。

水平 3：①能够通过分割一个面积模型来表示一个分数。例如，给儿童呈现一个长方形，让儿童表示出 $\frac{2}{8}$。②能够使用等值形式来表示一个分数。例如，一个长方形平分成 8 份，让儿童表示出 $\frac{3}{4}$。③能够识别图形表示的等值分数。例如，一个正方形平均分成 16 份取其中 4 份，与平均分成 4 份取其中 1 份，表示同样的值。

水平 4：能够识别大于或等于 1 的等值分数。例如，一个长方形四等分并全部涂黑，儿童能够识别 $\frac{4}{4}$，并用不同的名称给它命名。

综上所述，在教学过程中，教师应该走出课本，提供有关等值分数情境的现实性经验，以及等值分数和非等值分数的对比例子，以帮助学生真正理解其概念，并学会辨别什么情况下适合采用等值分数的解题策略。[①]

二、分数基本性质教学的地位与作用

分数的基本性质是分数教学里的一个重要知识点，它的地位和作用体现在什么地方呢？

（1）根据分数的基本性质，能够把任何一个分数变换成另一个分数单位的等值分数。也就是说，分数基本性质解决了分数单位的换算问题。统一了分数单位，异分母的分数才能进行加减运算。这就是说，分数基本性质是把分数从一个分数单位换算为另一个分数单位的基础。

（2）在分数的运算中，把异分母分数变换成同分母分数的过程，叫做通分。通分是把较小的分数单位变换为较大的分数单位。在分数的运算中，有时也需要把较大的分数单位变换成较小的分数单位，这个过程叫做约分。因此，通分和约分的理论根据都是分数的基本性质，同时分数的基本性质也是一些算式等值变形的重要途径之一。

（3）分数的基本性质还是分数集合分类的一个标准。根据分数基本性质，可以把分数集合中所有等值分数都归为一类，于是分数集合就被分成无数个这样的等值分数的类别。

在分数集合的每一个等值分数的类别中，都有且只有一个最简分数。所谓最简分数，就是它的分子和分母除 1 以外再也没有其他的公因数了。在分数集合中，最简分数就是每一个等值分数类别的代表。确定这个代表的重要意义是，确保分数运算与自然数运算一样，运算结果具有单值性（唯一性）。这就是为什

---

①韩玉蕾,辛自强,胡清芬.等值分数概念的理解［J］.心理发展与教育,2012（2）:210–217.

么要对运算结果进行约分，直到最简分数为止。

三、分数基本性质与商不变性质、比的基本性质之间的关系

分数基本性质与商不变性质，事实上是用不同的形式表示相同的规律。所以，从商不变性质的重要性亦可反观分数基本性质的重要性。

遇到小数除法，根据商不变性质可以转化为整数除法，从而以整数除法为基础把小数除法与整数除法统一起来。

例如，$2.4 \div 0.4 = （2.4 \div 0.1）\div （4 \div 0.1）= 24 \div 4 = 6$；

或者，$2.4 \div 0.4 = （2.4 \times 10）\div （0.4 \times 10）= 24 \div 4 = 6$。

如果把 $2.4 \div 0.4$ 写成分数形式，也未尝不可，不过将出现被称为"繁分数"的分数形式。把繁分数化为简单分数，也必须根据分数的基本性质。

例如：
$$2.4 \div 0.4 = \frac{2.4}{0.4}$$
$$= \frac{2.4 \times 10}{0.4 \times 10}$$
$$= \frac{24}{4}$$
$$= 6$$

有了商不变性质，在算式的等值变形中可以避免出现繁分数的形式，所以繁分数的概念很早以前就已经不在小学数学的教科书中出现了；即使出现了繁分数，也把它当作一般分数来对待，不必专门为之增加一个新名称了。

当建立了分数与除法之间的联系后，我们可以想到，其实比也有一个与分数基本性质等价的基本性质，即比的前项与后项都乘或除以相同的数（0除外），比值不变。

四、引导学生主动学习分数基本性质

通过对分数的基本性质知识背景与本质展开深入阐述，帮助理解学习这个知识的重要意义，同时也把目光聚焦到教学的核心追求上来，如等值内涵的理解、直观思维能力的培养等。

（1）充分发挥学生的主动性，引导学生通过观察、画图、联系旧知识、小组合作等学习方法获得新知，将"转化"这一数学思想渗透于教学之中。

（2）注意通过类比推理，利用商不变的性质来理解分数的基本性质。由于分数与除法的关系，分数基本性质与商不变的性质在内容和语言叙述上，具有

很大的一致性，这对促进学习的正迁移是非常有利的。教学时，应注意利用知识之间的这一内在联系来帮助学生归纳、理解分数的基本性质。

（3）教学要基于过程的经历与体验，让学生经历探究数学规律的过程。这个过程既要符合小学生数学学习的特点，也应符合小学数学学科教学的基本出发点。对小学生而言，他们学习的是人类文明发展的成果，如果只"知其一，不知其二"，则不利于他们对知识的理解和掌握，因此，要让学生"知其然，而又知其所以然"。那么，实践中应如何引导学生经历数学规律的探究过程呢？

1）提出猜测。在小学数学教学中，猜测一般是在学生对学习材料充分感知的基础上，基于问题思考后提出的。在教学分数基本性质时，需要教师提供丰富的、具有探究性的学习素材供学生思考，促使他们提出分数组是否等值、为什么会等值、分子分母可能有怎样的变化规律等有价值的假说与猜想。

2）验证猜测。猜测正确与否，必须通过验证。小学生采用的验证方法主要是举例法。因此，如何引导学生举例验证，是验证环节教师课堂组织与协调的主要任务。教学分数基本性质，在呈现大量感性的、直观的素材基础上，尽可能地引导学生规范验证，从而使得到的结论尽可能的科学。

3）完善规律。小学生的验证一般采用的是不完全归纳法，而不完全归纳法的特点正是从部分推断到整体推断。学生的验证活动是一个不断补充、修正和完善的过程。其间，同伴的质疑与补充、正例与反例的对比辨析、教师的引导与点拨尤为重要和突出。

第二章　课程标准的比较与启示

20世纪以来，关于小学数学，我国共颁布了20多个课程标准（教学大纲）这样的纲领性文件。在这些课程标准（教学大纲）中对分数的基本性质这一内容是如何阐述的，有哪些教学要求，多年来要求有哪些变化？分数基本性质是从什么时候开始出现在课程标准（教学大纲）中的？除了了解国内的课程标准（教学大纲）以外，了解国外的数学课程标准中对分数基本性质的教学要求也很有必要，毕竟不一样的文化背景下对同一内容的理解可能是不一样的，这为我们打开了另一扇窗。

第一节　国内课程标准（教学大纲）的教学要求

我国从1963年颁布的《全日制小学算术教学大纲（草案）》开始，到现在的《义务教育数学课程标准（2011年版）》，都把"分数的基本性质"列入教学内容，如表2-1所示。

表2-1　各标准（大纲）的教学要求

课程标准/教学大纲	年　级	要　求
1963年《全日制小学算术教学大纲（草案）》	六年制：五年级	教学要求：理解分数的意义，掌握分数的性质。 教学内容：分数的意义和性质（分数的意义，分数的读法和写法，分数的单位，分数与除法的关系，比较分数的大小，真分数、假分数和带分数，分子分母的变化对分数大小的影响，分数的基本性质，约分，通分），共18课时

课程标准／教学大纲	年 级	要 求
1978年《全日制十年制学校小学数学教学大纲(试行草案)》	五年制：四年级	教学要求：理解小数和分数的意义和性质。 教学内容：分数的意义和性质(分数的意义,分数的读法和写法,分数的单位,比较分数的大小,分数与除法的关系,两个自然数相除的商可以用分数表示,分数与小数的互化,真分数、假分数和带分数,分数的基本性质,约分,通分),共22课时
1986年《全日制小学数学教学大纲》	五年制：四年级 六年制：五年级	教学要求：理解分数的意义和基本性质。 教学内容和1978年的相同,五年制(23课时)/六年制(22课时)
1988年《九年制义务教育全日制小学数学教学大纲(初审稿)》	五年制：四年级 六年制：五年级	教学要求：理解分数的意义和基本性质。 教学内容：分数的意义和性质(分数的意义、分数单位、分数大小比较、分数与除法的关系、真分数和假分数、带分数、分数的基本性质、约分、通分、分数和小数的互化)
1992年《九年义务教育全日制小学数学教学大纲(试用)》	五年制：四年级 六年制：五年级	教学要求：理解分数的意义和基本性质。 教学内容与1988年的要求相同。 附录中关于教学要求用语的说明中指出：理解是指对所学的知识有一些理性的认识,能够用语言表述它的确切含义,知道它的用途,知道它和其他知识间的联系和区别
2000年《九年义务教育全日制小学数学教学大纲(试用修订版)》	五年制：四年级 六年制：五年级	教学要求：理解分数的意义和基本性质。 教学内容与1988年的要求相同
2001年《义务教育数学课程标准(实验稿)》	六年制：五年级	第三部分内容标准：教学时,应通过解决实际问题进一步培养学生的数感,增进学生对运算意义的理解。 进一步认识小数和分数,认识百分数,探索小数、分数和百分数之间的关系
2011年《义务教育数学课程标准(2011年版)》	六年制：五年级	第二部分课程目标：经历数与代数的抽象、运算与建模等过程,掌握数与代数的基础知识和基本技能。 第三部分课程内容：结合具体情境,理解小数和分数的意义,理解百分数的意义

第二节　国内课程标准（教学大纲）
研究对教学的启示

课程标准（教学大纲）相当于一线教师所要遵循的"宪法"，纵向比较与理解不同年代的课程标准，在把握不同时期的教学理念的同时，还可以帮助我们更好地理清知识、能力的核心点，让教学更有自己的见地。

一、内容编排所在年级相对固定

这是由分数的基本性质这个内容的特点及学生思维的发展水平所决定的。分数的基本性质建立在认识分数、理解分数意义等的基础上，为后续的约分、通分以及分数加减法提供理论支撑。分数是比较抽象的概念，理解它的性质更是不容易，小学中高年级的孩子抽象能力逐步开始发展，由具体运算阶段过渡到形式运算阶段，因此，学习分数的基本性质安排在这个时候比较合理。从表2–1中可以看出，五年制教材将该内容都安排在四年级，六年制教材将该内容都安排在五年级。

二、教学要求基本以"理解"为主

从表2–1中可以看出，只有在1963年的《全日制小学算术教学大纲（草案）》中，对分数的基本性质的要求是"掌握"，1963年以后的要求是"理解"。2011年版课程标准中附录部分对"理解"是这样描述的："描述对象的特征和由来，阐述此对象与相关对象之间的区别和联系"；对"掌握"是这样描述的："掌握是在理解的基础上，把对象用于新的情境"。那么，为什么教学要求会有这样的变化呢？我们认为"理解"是根本，只有充分理解分数基本性质的内涵，才能使灵活运用知识成为可能。

此外，在查阅《20世纪中国中小学课程标准教学大纲汇编数学卷》时发现，在1941年以前对于分数这部分的内容写得比较简略，1941年公布的小学算术课程标准中对分数的学习有了比较详细的说明，第二部分教材大纲及要目"甲笔算"中的第六学年分数的加减法包括假分数和带分数的记法、约分、通分、异分母分数的加法、异分母分数的减法。因此，我们认为分数的基本性质可能就隐藏在约分那部分，只是没有独立标出来而已，但我们没有查阅到那一时期的教材，不知道教材是怎样处理的。在 1941 年到 1963 年，虽然对分数的基本性质没有独立的一部分文字进行说明，但是我们认为在约分和通分及异分母分数的加减法的过程中肯定是运用了分数的基本性质。

第三节　国外课程标准的教学要求

了解了国内课程标准（教学大纲）对分数的基本性质的教学要求后，再来看看其他国家的现行课程标准对分数基本性质的教学要求，下面选取部分国家的课程标准进行介绍。

> 思考
>
> 　　了解国外课程标准关于分数的基本性质的教学要求有何意义？你会选择哪些国家进行比较研究？

一、澳大利亚的教学要求

《澳大利亚全国统一数学课程标准》是澳大利亚 2011 年 3 月 8 日公布的国家级课程政策文件。这份课程标准指出了幼儿园以及一至十年级的学习内容和要求，其中，在四年级和七年级的内容与要求中提到了有关分数的基本性质。

四年级：在数与代数领域，"分数与小数"部分要求"探讨语境中使用的相等分数"。具体给出的"明细"是：通过折叠一系列的纸带建造一面分数墙，探究分数组之间的关系（如 $\frac{1}{2}$、$\frac{1}{4}$ 和 $\frac{1}{8}$ 或是 $\frac{1}{3}$ 和 $\frac{1}{6}$）。

七年级：在数与代数领域，"实数"部分要求"用等值比较分数。在数轴上表示分数和混合数字（小数和整数）"。在"明细"中指出：通过使用分数墙或是数轴，探究分数家族的等价性（例如，通过使用分数墙证实 $\frac{2}{3}$ 与 $\frac{4}{6}$、$\frac{6}{9}$ 等价）。

二、法国的教学要求

《法国数学课程标准》由法国教育部统一制定，最近一次修订是在 2008 年 5 月。法国的基础教育包括幼儿、小学、初中、高中四个阶段。小学教育有 5 年，第一一年是预备课程（也称为第 11 级课程）的学习，第二年（第 10 级课程）、第三年（第 9 级课程）的学习称为基础课程，第四年（第 8 级课程）、第五年（第 7 级课程）的学习称为中等课程，而初中通常分 4 年完成，按照 6、5、4、3 级的顺序学习。法国的教育从课程内容及教学方面来说，不同学段之间都有很好的衔接性，为下一学段的学习做好充分准备。初中课程第 6 级的"数与计算"中提到有关分数的基本性质的内容：

第 6 级课程内容标准：在数和计算领域，"分数"知识部分指出"当分子分母乘同一倍数时，商不变"。能力要求为："在简单的情况下，辨识两个不同分数的写法代表同一个数"。

三、日本的教学要求

日本于 2008 年 3 月 28 日修正了学校教育法施行规则，同时颁布了小学数学课程标准，并从 2011 年 4 月 1 日开始全面实施小学和初中各学科的标准。在日本小学算数内容结构与组织框架中，分别于第四、第五学年中提出了分数基本性质的相关教学要求。

第四学年：在量与测量部分要求"加深对分数的理解，理解同分母分数的加减法，并会运用：在简单情境中注意大小相等的不同分数"。

第五学年：在数与计算部分要求"理解将一个分数的分子和分母同乘或同除同一个数，表示与原分数大小相同的数"。

四、韩国的教学要求

韩国小学为六年制，现在使用的是韩国教育人力资源部于 2006 年颁布的《数学课程标准》。韩国小学数学课程内容由"数与运算""图形""测量""概率与统计""规律性与问题解决"五个领域组成。在五年级的"数与运算"的"约分与通分"中提到分数的性质。

五年级：在"数与运算"领域，指出"利用分数的性质，能生成大小相等的分数"。

五、新加坡的教学要求

新加坡现行的数学课程标准自 2007 年启用。在小学阶段内容标准的具体描述中，三年级的"分数"部分提到"等值分数"。

三年级:"分数"部分提到"等值分数",具体内容是"认识并命名等值分数;列出给定分数的前 8 个等值分数;给定分子或分母,写出某个分数的等值分数;将分数化为最简形式;以 $\frac{1}{2}$ 为参照值,比较分数的大小;比较异分母分数的大小并排序(给定分数的分母不超过 12)"。

六、美国的教学要求

美国在 2010 年颁布了《同一州核心课程标准》,在该标准中,三、四年级的"数与运算——分数"部分提到"相等的分数",具体如下:

三年级:在"数与运算——分数"的"理解分数是一种数"中指出,"用具体的例子解释分数的相等,通过分数大小的推理来比较分数",具体的要求是"理解如果两个分数的大小相同,或者在数轴上由同一个点表示,则这两个分数相等;识别和生成简单的相等分数,如 $\frac{1}{2} = \frac{2}{4}$,$\frac{4}{6} = \frac{2}{3}$。解释为何两个分数是相等的,如用直观的分数模型;将整数表示为分数,并识别出等于整数的分数……"

四年级:在"数与运算——分数"的"对于等分数和排序的进一步理解"中指出,"利用直观的分数模型解释分数 $\frac{a}{b}$ 等值于 $\frac{na}{nb}$(注意分子分母部分的个数和大小是有区别的,即使两个分数的大小相同)。利用这个原理来认识和生成等分数……"

第四节　国外课程标准研究对教学的启示

我国的课程标准更多的是一种"内容标准",如何操作细化需要自己去揣摩。在这个过程中,如果我们具有国际视野,能够对国内外课程标准进行横向比较,那么我们的教学会更有广度与深度。

一、国外课程标准强调让学生经历丰富的活动过程

利用活动的经验丰富等值分数的表象,毕竟小学生还是处在以形象思维为主的阶段,到中高年级才慢慢地过渡到抽象思维,而这时候的抽象思维还是需要形象思维的支撑。因此,在教学中需要利用直观的"分数模型"或半抽象的"数轴"等来支撑抽象的"分数的相等性质",让孩子们在"折叠纸带建造分数墙""制

作大小相等的分数""观察分数模型"等活动中，"辨识""注意""理解"等值分数。

利用活动的经验解释分数等值的原因，课程标准中设计了很丰富的活动，不仅仅要让学生知道是什么，更主要的是能让学生会说明为什么是这样。例如，在分数墙和分数模型中都可以找到大小相等的不同分数，孩子们会由衷感叹"哇！多么神奇啊，不同的分数大小居然相等"。知道在数轴上原来一个点可以表示不同的分数，这些不同的分数可以用同一个点表示，所以它们是相等的。这些丰富的活动可以让等值分数真正在学生已有的认知系统中安家。

二、国外课程标准都强调对"等值"的理解

澳大利亚、新加坡、美国等国家的课程标准中都出现了"等值分数"这个概念，我国课程标准中用的"分数的基本性质"这一提法，两者有什么相同与不同呢？这些国家的编排有什么地方值得我们学习呢？

从表2-2可知，澳大利亚、日本和美国是分两个年级来学习的，而法国、韩国和新加坡是在一个年级完成的。我们认为，无论采用哪种形式都各有千秋：分在两个年级学习，第一次接触分数基本性质一般是在三四年级，这样做可以把难点分散，让学生在活动中初步感知等值分数，为进一步理解等值分数奠定基础；在一个年级学习，一般安排在四年级及以上（只有新加坡安排在三年级），根据学生的年龄特点和心理发展水平，集中地学习等值分数，效率比较高。

表2-2　六个国家学习等值分数所在的年级

国　家	澳大利亚	法　国	日　本	韩　国	新加坡	美　国
年级	四年级 七年级	第六级	第四学年 第五学年	五年级	三年级	三年级 四年级

注：法国的第六级相当于初中一年级或者小学六年级，因为法国小学教育是五年制。

第三章 素养导向下的整体架构

在本书中，第一章主要阐明了分数基本性质的核心内涵，第二章则从顶层设计层面说明了这节课的教学目标、重点与难点等。这两章主要是从知识能力维度来说明分数基本性质的教学核心与具体要求的。如果站在更高、更广的视域，那么在这节课中还能实现什么呢？

基础教育改革从最初关注基础知识、基本技能的"双基"1.0版到关注三维目标的2.0版，再到如今关注核心素养的3.0版，经历了一个比较长的过程。在核心素养视域下，分数基本性质的研究可以有何作为呢？数学核心素养主要是指"数学学习者在学习数学或学习数学某一个领域所应达成的综合性能力"（马云鹏），那么数学核心素养包括哪些呢？对分数基本性质的教学研究可以聚焦到哪一条素养上来呢？核心素养能在"一课研究"中落地吗？我们认为当然是能的。

我们认为，从一节课到一类课，再到一个领域，需要一种核心的价值引领。在学科视角下，核心素养培养的突破口在于学习方式的转变。我们希望赋予"一课研究"新的元素，以这节课为载体，以"图式化"素养培养为切入点，从知识本源、课程标准、教材研究、教学设计等维度展开实践研究，以期概括出基于数学核心素养的教学研究一般化操作策略。

第一节 图式化素养的内涵

理想的数学教学，一方面要走进数学学科体系，把握数学自身的特质；另一方面要走进学生的思维，理解他们特有的话语体系。数学是深奥的，学生期待的却是生动的数学学习，如何用"生动"的方式来学"深奥"的数学呢？数学图式可以在儿童天性和学科本质之间架构一座桥梁，让学习情趣与学科理趣有机融合，促进意义融通。

一、图式化素养的解读

我们知道，数学知识的抽象性和学生思维的具象性之间存在着矛盾，小学生很难对抽象的数学知识进行意义理解。如果让图式介入数学学习，可以帮助学生很好地学习数学，也就是在教与学之间搭建一条通道，使数学思维可视，使学习的情趣和学科的理趣相得益彰，使知识融会贯通。

（一）数学图式的内涵与价值

所谓图式，是指围绕某一个主题组织起来的知识的表征和贮存方式，是"人们为了应付某一特定情境而产生的认知结构"①，是信息处理所依据的最基本单位，是一种视觉思维的方式。所谓数学图式，是学生在数学学习活动中形成的一种用来学习数学知识和解决数学问题所特有的认知方式。数学图式从数学知识呈现形式看，可以分为概念图式和原理图式；从知识的类型来看，可以分为陈述性知识图式、程序性知识图式和策略性知识图式；从解决数学问题的角度看，可以分为论证图式和计算图式；从对数学问题认识的角度看，可以分为情境图式和反思图式；从认知数学的角度看，可以分为表象图式、符号图式和言语图式。②

> **思考**
>
> 根据分数基本性质的知识内涵，您认为在这节课中所用到的数学图式应该基于哪个维度呢？具体包括哪些类型呢？

其一，以图式为支架，促使知识由表面的认识到深层的理解。

小学生往往不知道如何思维，从何处开始思维，很多看似掌握了的知识实际上只是停留在表面，知其然而不知其所以然。例如，在分数基本性质教学中，学生对于"等值""等价"的理解颇有难度。单凭形式化的知识讲解，学生很难理解概念的本质，但是如果借助直观化、可视化的图式，就可以为学生思维提供形象支撑，架设让其思维攀沿的梯子，从而让学生理解知识的本质属性。

其二，以图式为支架，促使学生由被动学习到主动参与。

---

①陈琦，刘儒德．当代教育心理学［M］．北京：北京师范大学出版社，2003．

②刘秀梅．论数学图式的类型、特点及功能［J］，宿州教育学院学报，2007（4）:183-184，186.

很多教师认为，小学数学学习内容较少、较浅，课堂教学往往进行简单化处理，仅仅关注"双基"的落实，学生在课堂上的学习比较被动，部分学生过早地产生了畏难情绪，自然而然地影响了学业成绩，被戴上了数学学不好的帽子。其实所谓的"数学学不好"主要是因为他们没有找到合适的学习方式，数学的学习兴趣没有得到激发。有挑战性的图式学习将使学生始终保持好奇心、求知欲和探索精神，蓄足学习的"后劲"。

（二）图式化素养的意蕴

数学也可以画出来。学生能把数学画出来，是一种能力素养。我们认为，图式化素养是指学生以图像表征为支架，通过图形、图式、文字、符号等多种数学语言相互转化的视觉学习过程，对形式的数学本质内容（包括数学概念、原理、模式）进行内化理解的关键能力和思维品质。

通过检索知网文献发现，目前尚没有人提出"图式化素养"这一概念，何小亚教授认为可以从"数学化、数学运算、数学推理、数学意识、数学思想方法、数学情感态度价值观"等维度建构起数学核心素养框架。[①]其中，"数学化"可以细化为"形式化、图式化、数学建模"等方面[②]，让我们很受启发。

> **思考**
>
> 借助上面我们所给出的图式化素养的意义，你认为学生在学习分数基本性质时图式化是怎样一个过程？

二、图式思维与图式化素养的关系

不知道你有没有想过，小学生会用什么方式来学习分数基本性质呢？事实上，学习过程常常是图式化的过程[③]。学生是怎样体现这个图式化过程的呢？我们曾做过相关的前测，以其中一个班（共计 46 人）为例，在探讨"$\frac{2}{3}$ 和 $\frac{8}{12}$ 是否相等"时，具体的学习成果呈现如下：

（1）认为不相等 5 人。其中，单位 1 不统一，导致出错 4 人；份数数错，

①何小亚.学生数学素养指标的理论分析［J］.数学教育学报，2015-24（1）:13-20.
②何小亚.数学核心素养指标之反思［J］.中学数学研究（华南师范大学版），2016（7）:1-4.
③王乃涛.数学图式：促进教和学的意义融通［J］.数学学习与研究，2011（24）:58-59.

导致出错1人（见图3-1）。

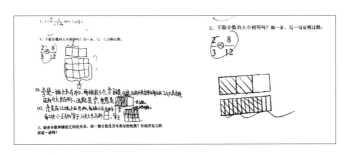

图3-1　学生解答错误图式

（2）认为相等41人，其中，1人用分数的意义说明，把12平均分成3份，1份是4个，分子是8也可以说是12的$\frac{2}{3}$；1人求分数值；18人用数形结合说明（见图3-2）。

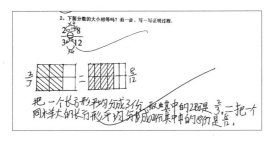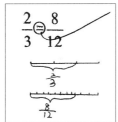

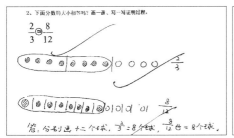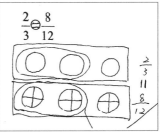

图3-2　学生解答正确图式

从学生解决问题的方式看，将近50%的孩子选择用图式表征这一学习方式。在分数基本性质正式教学前，已经有近一半的学生选择图式思维，那么在实际教学中，若以图式思维作为核心能力进行引领，相信学生的图式化素养会有很大的提升空间。

通过这个前测，其实可以回答"图式化素养培养的核心"这个问题，其核心就是图式思维能力，借助于图式表征这一学习方式来达成。

图式思维是以思维模型图为基础，形象、直观地表达思维全过程的一种思维方式。①通俗地说，图式思维实际上是一个动眼读图、动脑想图、动笔画图、动口表达、动手解决等数学理解活动的过程。

图式表征是形象化的思维分析过程，将大脑中的思维活动延伸到外部来，通过直观、形象的图式使之外向化、具体化，是将数学知识的过程、方法和结果用数学图像（或数学模型）进行概括，勾勒出数学知识的本质属性与相互关系，通过"直观地看""出神地想""形象地画"等图式思维方式将抽象的数学知识等用图式揭示或表征出来。

莱什在 1979 年提出数学学习的五种表征——实际生活情境、图像、操作模式、口语符号和文字符号，以及表征转化对数学概念意义的作用（见图 3-3），②图像在这个结构图中占据中心地位。

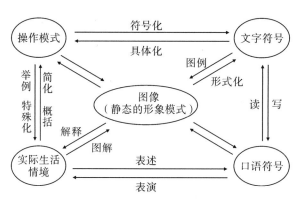

图 3-3 莱什提出的数学学习的五种表征

思考

　　思考：借助于莱什提出的数学学习的五种表征，您认为"分数基本性质"的多元表征图可以怎么画呢？

---

①管雅利.思维过程图形化——图式思维在初中科学教学中的应用［N］.长春教育学报，2011:27.

②朱乐平.圆的认识教学研究［M］.北京：教育科学出版社，2014:116-117.

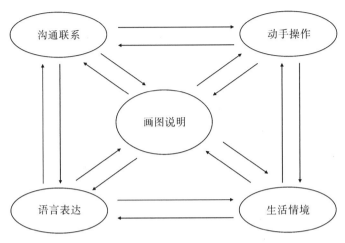

图 3-4　分数基本性质的多元表征

　　通过这个多元表征图（见图 3-4）想诠释的是：学生对于分数基本性质的理解可以是多元的，学习的过程也可以是多元的，能够用动手操作来理解分数基本性质，借助于画图操作来说明知识内涵，完整地表达分数基本性质，能与商不变性质等知识建构联系与沟通，也可以和实际生活情境对接，同时，多种表征之间可以来回互译沟通。在这多元的表征方式中，图式表征是最符合小学生心智的，能促进他们主动积极参与学习和有效理解数学的可视化学习方式。

　　如果图式思维能力加强了，图式化素养也就提升了。那么，如何加强图式思维能力的培养呢？真正的挑战在课堂。我们应以培养"图式表征能力"为核心，凸显运用形象可视化的方式"教"，引导学生用可视化的表征方式"学"，在教学中循序渐进、潜移默化地予以落实。

三、图式思维与几何直观的关系

　　几何直观是《义务教育数学课程标准（2011 年版）》（以下简称《2011 年版新课标》）提出的数学课程十大核心概念之一。《2011 年版新课标》指出："几何直观主要是指利用图形描述和分析问题。借助几何直观可以把复杂的数学问题变得简明、形象，有助于探索解决问题的思路，预测结果。"史宁中教授在解读课标时指出，几何直观是指借助于见到的（或想象出来的）几何图形的形象关系，对数学的研究对象（空间形式和数量关系）进行直接感知、整体把握的能力。

数学家克莱因认为，"数学的直观就是对概念、证明的直接把握"；而西方哲学家通常认为，"直观就是未经充分逻辑推理而对事物本质的一种直接洞察，直接把握对象的全貌和对本质的认识"；心理学家则认为，"直观是从感觉的具体的对象背后，发现抽象的、理想的能力"。蒋文蔚指出，几何直观是一种思维活动，是人脑对客观事物及其关系的一种直接的识别或猜想的心理状态。徐利治先生提出，直观就是借助于经验、观察、测试或类比联想所产生的对事物关系直接的感知与认识，而几何直观是借助于见到的或想到的几何图形的形象关系产生的对数量关系的直接感知。换言之，直观能够使人建立起对自身体验与外物体验的对应关系。笛卡儿认为，直观是纯粹理性的，但作为理性的东西不能完全摆脱或无视某些经验。华罗庚先生则认为："数无形，不具体；形无数，难入微。"

他们从数学、哲学、心理学等角度给直观包括几何直观下了定义，概括出直观一般有两种：一种是透过现象看本质；另一种是一眼能看出不同事物之间的关联。可见，直观是一种感知，一种有洞察力的定式。我们认为，几何直观具有双重属性：第一，它是一种思维形式，学生的思维形式经历了动作表征、图形直观（表征）、符号表征三个阶段。第二，它是一种解题策略，是研究数学问题并实现问题的模型转换的一种基本思想和基本方法。

那么，图式思维与几何直观有何关系呢？通常，几何直观是指让学生用规范的几何图形表达数学思维。事实上，小学生更多地会使用他们独有的个性化图形符号系统。从这个层面比较，我们认为图式表征的说法更适合小学生这个群体。

我们认为，图式思维和几何直观的内涵是一致的，是一种很重要的可视化思维方式，更是一种适合小学生的生成性学习方式，在学习中突出学习方式的转变，促进知识由表面认知到深层理解，促进学生由被动学习到主动建构，促进学习由整齐划一到个性体验。①

---

① 盛群力，等.学与教的新方式［M］.杭州：浙江大学出版社，2007:209-215.

第二节　基于图式化素养的教学研究

数学核心素养的培养是数学课堂教学的一条主线，是课堂教学的"魂"。如何让学科核心素养在课堂教学中落地？这值得一线教师去探索与实践。对分数基本性质的教学研究可以聚焦到哪一条素养上来呢？我们认为，图式化素养应该是这节课能力素养培养的落脚点。

一、研究思路：建构研究框架

如何展开基于图式化素养的教学研究呢？我们想以分数基本性质的教学研究为载体，以"图式化"素养培养为切入点，主要从知识本源、课程标准、教材研究、教学设计等维度展开实践，探索基于学科核心素养的课堂教学研究一般化操作策略（见图3-5）。

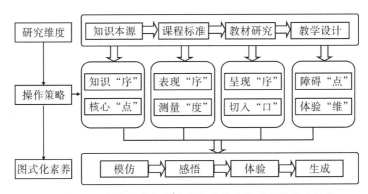

图3-5　基于图式化素养的分数基本性质教学研究框架

图式化素养的获得需要学生自己经历模仿、感悟、体验并积累这一漫长的过程，并非一蹴而就。教师应基于整体，立足全局，积极引导学生完成这一过程。

二、操作路径：基于框架有序展开研究

研究框架的确定帮助我们明晰了操作思路。在具体的实践中，我们将基于一定的"序"列，切准研究"点"，有序地展开研究。

（一）了解知识编排"序"，确立素养目标核心"点"

分数基本性质在小学数学学习中起着承前启后的作用（见图 3-6），它是自然数情况下商不变性质的延伸，从而产生了分数表示的不唯一性。如何让学生体验分数的无限"等价类"，理解与寻找等值分数，这就需要明确素养目标的核心"点"——让学生经历图式化过程应是其核心环节。

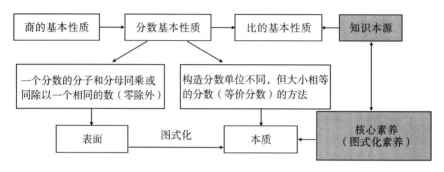

图 3-6 分数基本性质的知识"序"及核心"点"

那么，等价分数的体验（或构造）的图式化方法有哪些呢？要让学生理解知识的本质，首先教师自己要去追溯知识的本源。在《数学家讲解小学数学》一书中，介绍了以下方法（见表 3-1），可以帮助我们打开教学视角。[①]

表 3-1 等价分数的构造方法

方 法	借助数轴	借助分数乘法	借助面积模型
具体形式	$\dfrac{15}{9}=\dfrac{15\div3}{9\div3}=\dfrac{5}{3}$	$\dfrac{1}{2}\times1=\dfrac{1}{2}\times\dfrac{2}{2}=\dfrac{2}{4}$ $\dfrac{1}{2}\times1=\dfrac{1}{2}\times\dfrac{3}{3}=\dfrac{3}{6}$ 分数 $\dfrac{1}{2}$、$\dfrac{2}{4}$、$\dfrac{3}{6}$ 是等价分数	$\dfrac{5}{2}=\dfrac{15}{6}$ 令单位"1"表示单位正方形的面积，图 $\dfrac{5}{2}$ 表示5个"半正方形"的面积，如下图阴影部分 根据 $15=3\times5,6=3\times2$，我们把每个单位正方形水平地分为面积相等的三部分，于是每个单位正方形被分成了6个全等的小矩形

教学需要挖掘分数基本性质的本质，引导学生主动加入到知识的理解与建

① ［美］伍鸿熙（Hung-His Wu）著．赵洁，林开亮，译．数学家讲解小学数学［M］．北京：北京大学出版社，2016:171-174.

构的过程，在这个过程中达成图式化素养的培养任务。

（二）基于标准表现"序"，形成素养评价测量"度"

当确立了学科核心素养目标"点"后，如何在具体的教学中落实呢？首先，需要我们基于课程标准来科学细化，明确所要培养的学科核心素养的外在表现，建立起"序列"，从而使教学了然于心。

其次，细化知识，分析匹配"度"。我们认为，图式化素养包含读图、分析、画图、表达、解决问题等多种元素（见图 3-7），其中读图、表征和互译是"图式化"素养的三个不同思维层次的核心元素。

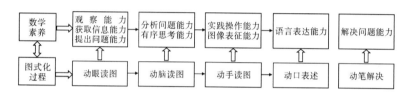

图 3-7 图式化过程与数学素养分解

基于这样的理解，我们可以基于"图式化"素养根据现有课程标准做出如下分析（见表 3-2），[①] 概括（或提取、抽象）出内容所指向的素养。

表 3-2 基于"图式化"素养处理现有课程标准分析框架

知识点	描述矩阵	评判矩阵	
	内容标准的描述	明晰内容标准所指向的素养	与"图式化"是否匹配
分数的基本性质	理解如果两个分数的大小相同，或在数轴上由同一个点表示，则这两个分数相等	读图素养	是
	识别和生成简单的相等分数（如写出给定的前8个等值分数）	互译素养	是
	利用直观的分数模型解释分数 $\frac{a}{b}$ 等值于 $\frac{na}{nb}$	读图素养表征素养	是
	利用直观分数模型来认识和生成等值分数	互译素养	是
	……	……	……

①邵朝友，周文叶，崔允漷.基于核心素养的课程标准研究：国际经验与启示［J］.全球教育展望，2015（8）:14-22.

再次，建立序列，把握评价"度"。在分析内容标准的基础上，明确表现标准，建立起能力素养序列，尝试进行相对有序的水平评价（见表3-3），着眼于整体，着手于细微。

表3-3 分数基本性质教学中图式化素养的评价测量

核心元素	水平划分	评价测量
读 图	水平0	不能收集有用信息，无法通过直观图识别分数是否等值
	水平1	能借助直观图识别等值分数，生成简单的等值分数
	水平2	能回避干扰因素，按不同的标准进行分类观察，有目标、有选择地去读图，收集关于等值分数的有用信息
	水平3	以发散性思维加上联想模式，从不同角度分析图，生成等值分数
表 征	水平0	由于直观水平或表征意识不足，不会或不习惯画图表征等值分数
	水平1	通过观察、动手操作等活动，能简单地用近似于实物的图来表示等值分数，进行初步的数学抽象
	水平2	能通过观察、测量、搭建、绘画等操作活动，以去情境化的抽象图为主，会用自创的符号系统表征分数基本性质中相关的数学问题
	水平3	抽象与关联阶段，能组合与分解，能进行知识与知识之间的关系的多元表征，包含图形、链接、符号、文字等元素，多维度理解等值分数
互 译	水平0	不能在直观模型图与等值分数之间进行变通，表达思路不清晰
	水平1	能根据直观模型图说明分数等值，用直观语言解释分数等值时有难度
	水平2	有主动表达的意愿，基本能借助直观图解释等值分数，能借助直观图沟通商不变性质与分数基本性质之间的内在联系
	水平3	有主动表达的意愿，能熟练地运用生活语言、图像语言、符号语言进行沟通，解释知识间的内在联系，并敢于质疑，能提出自己不同的见解

（三）明晰教材呈现"序"，确立核心素养切入"口"

基于学科核心素养的教材研究，我们需要思考两个问题：

（1）这节课学生要培养的核心素养是什么？它在教材设计中是如何体现的？知识学习与学科核心素养发展的关系研究，找出两者之间的内在联系，思考如何通过知识学习促进学科核心素养发展。

（2）通过什么方式让学生习得该核心素养，教材是如何体现这些学习方式的？

教材研究中，我们既可以进行不同版本教材同一时期的横向研究，也可以进行同一套教材不同时期的纵向研究，或进行同一知识系列的编排体系、教材所体现核心素养的发展变化过程的纵向研究。通过教材的多向比较研究，明晰教材呈现的"序"，确立核心素养切入"口"。我们认为，"图式化"素养在分数基本性质教学中可以从以下三方面入手：

第一，凸显图式直观。各版本教材设计均凸显"图式直观"元素，基于图式可以引导学生运用多感官参与学习，从而形成关于分数基本性质这部分知识与策略的"图式"。

第二，聚焦分数单位。分数基本性质的核心在于"分数单位"。基于"量的守恒"，聚焦分数单位，充分运用线段模型，强调基于测量意义的活动体验，从而理解分数基本性质的内涵。

第三，关注知识并联。商不变性质、分数基本性质及比的基本性质，其本质相同，形式不同。我们应关注新旧知识之间的互译，加深学生对分数基本性质的理解，完成知识体系的建构。

（四）摸清认知障碍"点"，设计核心素养落地"维"

基于知识本源、课程标准、教材研究，我们对如何在分数基本性质教学中培养图式化素养已经有了比较清楚的认识与理解。在此基础上，我们需要对学生进行前测，摸清认知障碍点，设计如何落地的"维度"（见图 3-8），让图式化素养在课堂教学中落地。

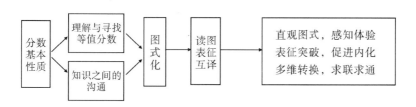

图 3-8　图式化素养在分数基本性质教学中体验"维"

设计教学活动时，可以立足于图式化思维，强调"读图""表征""互译"等图式化活动方式，为学生创造一个自己主动理解的机会，体验和感受数学发现的过程。

例如，在图式化中，我们可以引导学生在表征的过程中对问题进行深层次的思考，引发深度学习，提升思维品质。图式化的推进过程如下（见图3-9）：

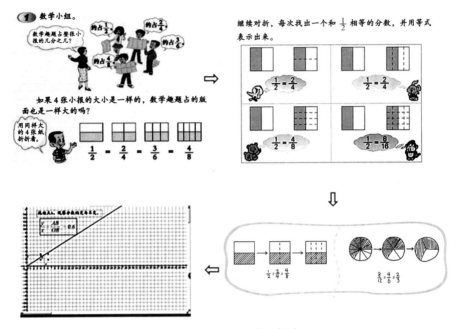

图3-9 图式化推进

（1）走进情境：从现实情境进入，以"一半，$\frac{1}{2} = \frac{2}{4} = \frac{4}{8}$"为认知特例，让学生初步感悟分数的基本性质。

（2）动手操作：通过学生的动手操作引入，在涂一涂、折一折等活动中发现分子、分母的变化规律，展现学习过程，体验具体到抽象的理解过程。

（3）画图内化：利用已有的经验，利用个性化的符号，学生自己寻求合适的图式（如实物抽象图、面积模型、数线模型、数轴模型等）来证明分数是否等值。

（4）举例验证：$\frac{3}{5} = \frac{3\square(\ )}{5\square(\ )} = \frac{(\ )}{(\ )}$ 方框里可以填什么符号？括号里可以填什么符号？独立思考，动画演示，帮助学生形象理解，感悟变与不变的函数思想。

在这个过程中，学生通过对分数图式的观察、发现、思索，强调脑、眼、手、图形之间的信息加工和重构，完成知识自我内化的过程，这是图式化素养培养的重要一环。

在教学中，当将具象化的现实情境转化为可视化的图式表述和数学运算表达时，知识发展的逻辑顺序与学生的认知序列契合，学生的图式思维就能逐步走向深刻，素养才能慢慢形成。

以上，我们以分数基本性质"一课研究"为载体，试图概括出基于数学核心素养的教学研究的一般化策略。这里只是粗线条地加以呈现，事实上每一个维度都有许多值得深挖的研究点。在后面的章节中我们会围绕"图式化"这个核心主题逐一进行深入研究。

> **思考**
>
> 　　根据我们提供的操作模型，您能选择一节课，结合一个能力素养点，设计一份基于数学核心素养的操作方案吗？

第四章　教材资源的横向比较与理解

教材是课程的重要载体，是沟通教与学的重要桥梁。教材研究需要有整体视野。那么,如何做到整体入眼呢? 我们认为教师可以通过以下两种方式去研读教材:

一是对教材进行横向研读：在学习和理解课程标准的基础上, 对某一主题的教学内容尽可能多地参考不同版本的教材, 以更好地分析、消化和处理教材中相关的学习内容。

二是对教材进行纵向研读：在学习和理解课程标准的基础上, 将某一教学内容置于完整的学科知识体系中考量, 通过与之前后关联的教学内容的比较, 明确教学内容的本质特点, 清晰教学内容在整个学科体系中的位置。

"分数基本性质"的教材研究, 以横向研读为主, 一方面对基于2011年新课标修订的中国大陆六套教材进行比较研究, 力求概括出同一时期不同版本教材编写的相同点与不同点, 以便教师在课堂上能更好地把握教学; 另一方面对中国大陆的六套教材与我国台湾地区的两套教材进行比较研究, 在相同点与不同点的对比中, 明晰各自的编写特色, 以便教师更好地理解数学。

习题是教材的重要组成部分, 对大陆六套教学的习题编排也进行了梳理、分类与分析, 这样可以让教学有的放矢。

在教材研究中, 在充分领会课程标准的基础上, 围绕"图式化"这一主题, 贯穿"基于图式表征提升图式化素养"这一核心思想进行教材剖析, 以教材内容为承载点, 以学生发展为落脚点, 整体把握教材。

第一节　同一时期中国大陆六套教材的横向比较研究

在开始同一时期不同版本教材的横向比较研究之前, 先总体解读一下以人教版为例的同一版本不同时期的教材。我们选择了以人教版1992年版、2003年版和现在正使用的2014年版的教材进行比较, 发现无论是分数教学总体的编排体系还是就分数基本性质这一课的编排而言,极为接近,如图4-1与图4-2所示。

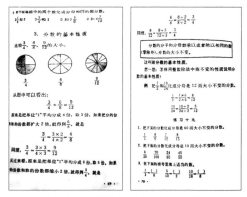

图 4-1　人教版 1992 年版第十册教材第 69、第 70 页

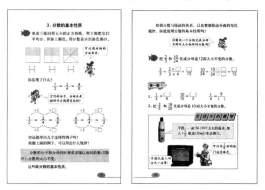

图 4-2　人教版 2003 年版第十册教材第 75、第 76 页

从整体编排看，选择的三套教材都是六年制，分数基本性质都编排在五年级下学期，都安排在分数的意义、分数与除法关系等知识的教学之后，其后是约分、通分、分数大小比较与分数计算等知识。从分数基本性质这一课的编排看，虽然形式上 1992 年版的教材不如 2003 年版的图文并茂，但其本质是相近的，它们都是以面积模型为抓手，引导学生经历知识的发生发展过程，其中 2003 年版教材和 2014 年版教材实际上是一致的。通过这样的纵向对比，教材研究的重点直接指向了同一时期不同教材的横向比较研究上。

2001 年，教育部颁布了《全日制义务教育数学课程标准（实验稿）》，启动了新世纪基础教育课程改革。十年教育实践，我国数学教育形成了欣欣向荣的态势，取得了丰硕成果，教育部于 2011 年正式颁布了《全日制义务教育数学课程标准》，同时启动了教材的修订工作，这些版本的教材陆续通过教育部的审定。在这一章节中，我们将对这一时期的六套教材进行比较研究，在与众编者对话的过程中，相信一定会受益匪浅。

一、研究设计：研究教材的对象与方法选择

新课程中教材的编写已从"一纲一本"过渡到"一标多本"。新一轮的教材给我们提供了怎样的思路？我们如何去研究这些教材呢？参考已经出版的"一课研究'几何与图形领域'系列丛书"以及博士论文《我国小学数学新教材中例题编写特点研究》的研究思路，[1]确定了以下研究对象与方法。

（一）比较研究教材的选用

选取的六套教材均根据 2011 年版新课标编写，它们分别是卢江、杨刚主编，由人民教育出版社 2014 年出版的"五下"教材（以下简称"人教版教材"）；孙丽谷、王林主编，由江苏教育出版社 2013 年出版的"五下"教材（以下简称"苏教版教材"）；刘坚、孔企平、张丹主编，由北京师范大学出版社 2013 年出版的"五上"教材（以下简称"北师版教材"）；宋乃庆主编，由西南师范大学出版社 2014 年出版的"五下"教材（以下简称"西师版教材"）；展涛主编，由青岛出版社 2014 年出版的"五下"教材（以下简称"青岛版教材"）；此外，还包括张天孝主编，由浙江教育出版社 2010 年出版的"五下"教材（以下简称"浙教版教材"）。由于 2011 年版新课标早在 2006 年就开始在网上广为流传，因此，可以说浙教版教材的编写同样也是在修订版课标的背景下形成的。

> **思考**
>
> 不知道你有没有发现，关于分数的基本性质，除了北师版教材安排在五年级上学期以外，其他版本的教材均安排在五年级下学期，为什么会如此编排呢？

（二）教材比较研究的推进

如何有序地研究教材，并将研究结果清晰地呈现呢？我们认为，从整体解读到微格分析的"研究思路"，是可行的。

对教材的整体解读有助于我们立足整体，明晰教材编写的整体思路；对教材的微格分析，事实上是与教材编者深入对话的过程，在对话中逐步把握各版本教材的特色，在求同与求异的过程中，对教材进行层层深入的剖析，从而形成具有独创性的体会与建议。

---

①宋运明.我国小学数学新教材中例题编写特点研究［D］.重庆：西南师范大学，2014.

在教材研究中,在阅读大量相关文献的基础上,对教材文本进行了深入解读,采用对文本的静态研究与对教师、学生的动态研究相结合的方式进行,整个研究分成四个层面:

第一层面,构建模型。在广泛阅读相关文献与教材文本的基础上,搭建教材研究的模型框架。

第二层面,分析文本。采用上述框架对所选的教材文本进行比较分析,概括出各版本教材的共性特点与各自特色。

第三层面,实证研究。结合教材中呈现的核心问题,通过调查问卷、前测等方式,从教师和学生这两个方面进行实证研究,整体把握教材,概括出教材编写的基本结构与特色。

第四层面,提炼思路。在教材研读的基础上,结合图式化素养培养的思路,谈如何有效教学的整体思路与启示。

二、整体解读:教材提供的组织结构

整体解读教材,有助于我们更好地把握教材的组织结构。六套教材提供了怎样的组织结构来体现分数基本性质的重要地位呢?

(一)分数基本性质所占的篇幅比重

研读教材前,我们可以先来看分数的基本性质在教材中所占的篇幅比重,这是对教材的整体直观感受。一般来说,所占篇幅比重大的教材,编者在编写时相对来说比较细致,学生所经历的学习历程相对来说完整一些。那么,六套教材中分数的基本性质所占的篇幅比重究竟是多少呢?统计结果如表4-1所示。

表4-1　分数的基本性质所占全书比重统计

版　名	所在年级	新课页数	全册页数	所占全书的百分比(%)
人教版	五下	1	121	0.8
浙教版	五下	3	124	2.4
北师版	五上	2	112	1.7
苏教版	五下	2	116	1.7
青岛版	五下	2.5	114	2.2
西师版	五下	2	108	1.9

思考

　　从六套教材中分数的基本性质所占篇幅比重来看，你能感受到什么？如果由你来教学分数基本性质，凭着这里呈现的教材比重的第一印象，你会选择哪套教材来深入研读呢？

（二）六套教材各自编排的思路

　　分数的基本性质在分数教学中占有重要的地位，它既以分数的意义、分数的大小比较为基础，又与整数除法及商不变的性质有着内在的联系，更是分数约分、通分的依据，也是进一步学习分数加减法计算、比的基本性质的基础。因此，各个版本的教材均编排在五年级，除北师版教材安排在上册外，其他版本教材均安排在下册。六套版本的教材编排中，分数的基本性质的教学都编排在分数的意义、分数与除法的关系之后，教学分数基本性质之后，约分、通分、分数大小的比较、异分母加减法先后跟进，可见，各个版本教材的知识体系构建和学习路径的设计思路基本一致。

　　研读六套教材中分数的基本性质的编排，虽各有特色，但编排思路是一致的，主要以图式思维为主要学习方式，通过多元表征来得到分数的基本性质。我们依次呈现它们整体的编排思路。

　　其一，人教版教材的编排（见图 4-3）。

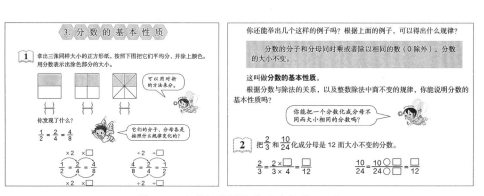

图 4-3　人教版教材编排思路与第 57 页

　　从教材编排看，它呈现的结构是这样的：先用同样大小的正方形折出 $\frac{1}{2}$、

$\frac{2}{4}$、$\frac{4}{8}$，比较发现三个分数的等值关系，然后观察它们分子、分母的变化规律，再通过举例，归纳出规律，接着根据分数与除法的关系、整数除法中商不变的规律等知识说明分数的基本性质，最后进行知识的简单应用。

概括这个过程，大体上经历了动作、图式、语言等多元表征相互沟通、融合的学习历程。

其二，浙教版教材的编排（见图4-4）。

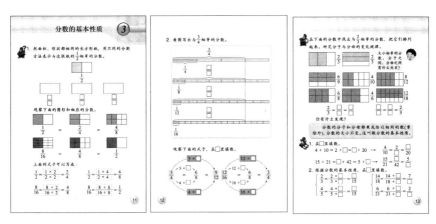

图4-4　浙教版教材编排思路与第11～13页

从教材编排看，它呈现的结构是这样的：首先把同样大小的长方形纸用不同的方法进行分割，得到与这张纸的 $\frac{1}{2}$ 相等的分数，如 $\frac{2}{4}$、$\frac{4}{8}$、$\frac{8}{16}$ 等，比较发现这些分数的等值关系；然后通过算式表征出它们分子、分母的变化规律，再看数线图写出与 $\frac{3}{4}$ 相等的分数，观察发现分子、分母的变化规律；接着再结合面积模型找出与 $\frac{2}{3}$ 相等的分数，研究它们之间分子、分母的变化规律，然后通过归纳得出规律；最后在具体的应用中沟通分数基本性质与商不变性质之间的联系。

与人教版教材比较，我们可以发现，无论是学习素材的选择，还是学习活动的设计，浙教版教材的设计相对要丰富一些，学习体验也相对深刻很多。

其三，北师版教材的编排（见图4-5）。

图像表征 ⇒ 图式表征（观察猜想）⇒ 图式表征（交流与归纳）⇒ 知识应用

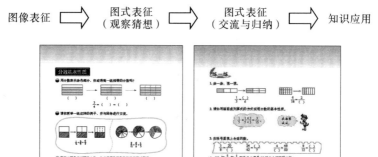

图 4-5　北师版教材编排思路与第 72、第 73 页

它呈现了这样的教学结构：首先用分数表示涂色部分，得到 $\frac{3}{4}$、$\frac{6}{8}$、$\frac{9}{12}$ 这一组相等分数；然后让学生自己举例，借助面积模型图的扩充和合并理解分数之间的相等关系；再在算式表征的基础上发现分子、分母的变化规律，从而得出结论。

可以说，北师版教材呈现的思路也主要以图式表征为主，它脱离了动手表征，学习的抽象度更高一些，学生能否胜任呢？

其四，苏教版教材的编排（见图 4-6）。

动作表征（操作）⇒ 算式表征（观察猜想）⇒ 图式表征（交流与归纳）⇒ 沟通与应用

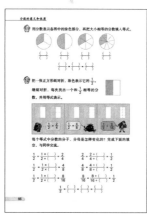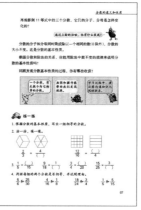

图 4-6　苏教版教材编排思路与第 66、第 67 页

它的教材结构是这样的：通过涂色与动手操作的分割活动，发现与 $\frac{1}{3}$、$\frac{1}{2}$ 相等的两组分数，尝试用等式表示；通过观察发现分子、分母的变化规律，接着归纳出分数的基本性质；然后根据分数与除法的关系、整数中商不变性质等知识完善知识体系。

苏教版教材的编排思路与人教版的编写很接近，素材上相对丰富些，提供了与 $\frac{1}{2}$ 相等的分数这一组素材。

其五，青岛版教材的编排（见图 4-7）。

教材结合"每块晨报的图片各占整个版面的几分之几"这个问题初步感受 $\frac{1}{2}$、$\frac{2}{4}$、$\frac{4}{8}$ 这三个分数的大小关系，然后通过折一折、画一画等方式发现这三个分数的相等关系，接着再观察分子、分母的变化规律，在初步得出结论的基础上，再借助分数与除法的关系、商不变性质等知识验证与完善结论，最后用写一组相等分数来运用知识。

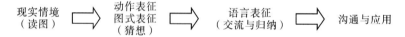

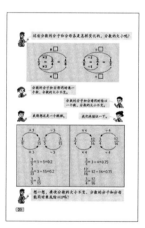

图 4-7　青岛版教材编排思路与第 19 ~ 21 页

青岛版教材与以上其他版本的编写略有不同，它是从现实情境引入，这是其独特的地方。从教材的核心看，还是以图式表征为主线，引导学生经历知识的发生、发展的过程。

其六，西师版教材的编排（见图 4-8）。

西师版教材的编写也是从一个现实情境入手，从"4 张小报的大小一样吗？

数学题所占的版面也是一样大吗?"这个现实问题出发,在动手操作的过程中发现 $\frac{1}{2}$、$\frac{2}{4}$、$\frac{3}{6}$、$\frac{4}{8}$ 这四个分数的相等关系,接着再通过观察、算式表征等方式发现这四个分数的分子、分母的变化规律,由此得出结论,然后在知识的应用过程中建立新旧知识的联系。

现实情境　　　　　动作表征　　　　　　　　语言表征
（读图）　⟹　　图式表征　　⟹　　（交流与归纳）　⟹　　沟通与应用
　　　　　　　　（猜想）

图 4-8　西师版教材编排思路与第 27、第 28 页

可以说,西师版教材的编排与青岛版的思路很接近,从生活情境入手,再把生活情境转化为数学情境,借助面积模型、图式表征等方式发现规律,得出结论。

> **思考**
>
> 　　上面依次呈现了六套教材的整体编排,并进行了粗线条的描述,你发现它们有哪些共性之处?它们各自有哪些特色呢?在这些教材中,哪些设计点比较吸引你呢?

（三）六套教材编排的相近之处

你的心里是不是已经产生了这样的疑问,编者为什么会不约而同地采用这样的编写顺序呢?在此,我们可以回顾一下布鲁纳的认知发展理论。布鲁纳认为,在人类智慧生长期间,经历了三种表征系统的阶段:动作性表征(又称表演式再现表象)→映象性表征(又称肖像式再现表象)→符号性表征(又称象征性再现表象）。解读六套教材，不难发现教材的编排正是基于布鲁纳的认知发展理论进行的，在动手操作的基础上，引导学生通过表象操作、符号操作来发展知识的内涵，主动建构知识。

此外，规律性知识的教学一般采用"猜想→验证→归纳→应用"四环节推进。从对六套教材的整体研读中也不难发现，各版本教材都注重让学生经历知识的形成过程，在课堂上引导学生经历这四个阶段：创设情境（现实情境或纯数学情境），发现相等关系→观察与发现分子、分母的变化过程与规律，引发猜想→验证，概括总结结论→知识应用。其中，浙教版教材的设计更为细腻深刻，例如"在下面的分数中找出与 $\frac{2}{3}$ 相等的分数，把它们排列起来。研究分子与分母的变化规律"（见图 4-9）的设计，独具匠心。

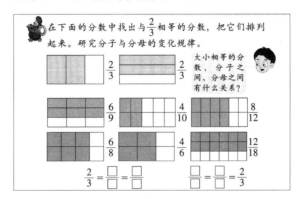

图 4-9　浙教版教材第 13 页

三、微格分析：教材体现的核心要素异同分析

上文中，已立足于整体视角，发现各套教材的整体编写思路，提炼其共性之处，以便整体把握教材。但是，你在阅读这些教材时有没有这样的感受，尽管编写思路大体一致，但编写内容各有不同，各有优势。这一小节中，我们将通过微格研究去发现各套教材体现的核心要素的相同与不同之处。教学是一门细致入微的学问，相信这样的分析会是一个全新的视角。

（一）教材比较研究的微格分析

在第三章中，曾说过分数的基本性质这节课的研究是以"图式化素养"为主线。图式化是从具体到抽象的多元表征过程，读图、表征和互译是其中最核心的三个不同思维层次的元素（见图 4-10）。

图 4-10　图式化的核心要素

那么，教材中是怎样体现这些元素的呢？结合教材的编写特点，概括出了以下分析模型（见表 4-2）。

表4-2　基于图式化素养的教材比较研究微格分析模型

三要素	分析维度	研究载体
读图	数学现实	研究例子
	情境类型	纯数学情境、生活化情境
表征	图式工具	实物模型、面积模型、数线模型……
	表征类型	动作表征、图像表征、图式表征、算式表征
互译	合情推理	举例说明、归纳结论
	演绎沟通	与商不变性质建立联系

（二）教材体现的核心要素的异同

借助上述模型，从三个要素、六个维度进行深入分析，逼近本质，能帮助我们立足于一个相对完整并且独特的视角去研读教材，建构起属于我们自己的教学思维体系。

要素 1：读图——基于具体

读图是图式化的第一步，其实质是对知识进行编码的过程，经历从操作到表象的体验过程。在此，我们主要从数学现实和情境类型两个维度进行分析，如表 4-3 所示。

表4-3 六套教材引入部分素材比较

版 本	教材素材	所用个例	情境类型
人教版	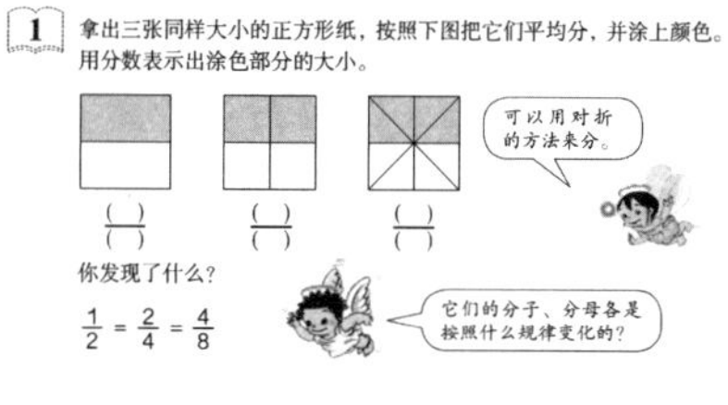 **1** 拿出三张同样大小的正方形纸，按照下图把它们平均分，并涂上颜色。用分数表示出涂色部分的大小。 可以用对折的方法来分。 你发现了什么？ $\frac{1}{2} = \frac{2}{4} = \frac{4}{8}$ 它们的分子、分母各是按照什么规律变化的？	$\frac{1}{2} = \frac{2}{4} = \frac{4}{8}$	纯数学情境
浙教版	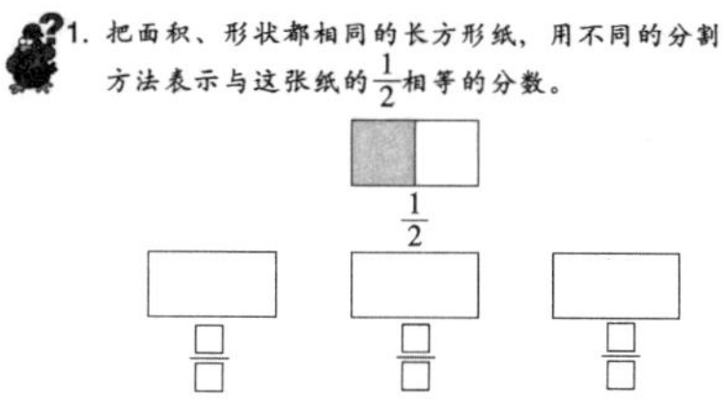 1. 把面积、形状都相同的长方形纸，用不同的分割方法表示与这张纸的$\frac{1}{2}$相等的分数。	$\frac{1}{2} = \frac{2}{4} = \frac{4}{8}$ $\frac{8}{16} = \frac{4}{8} = \frac{1}{2}$	纯数学情境
北师版	用分数表示涂色部分，你能得到一组相等的分数吗？ 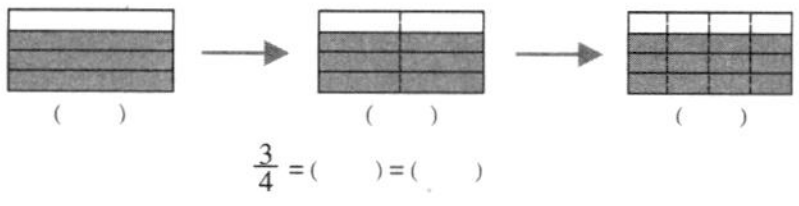 （ ） （ ） （ ） $\frac{3}{4} = $（ ）$= $（ ）	$\frac{3}{4} = \frac{6}{8} = \frac{12}{16}$	纯数学情境
苏教版	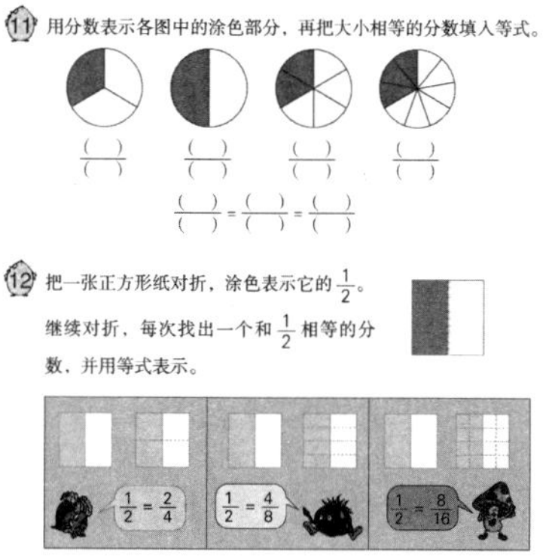 ⑪ 用分数表示各图中的涂色部分，再把大小相等的分数填入等式。 （ ） （ ） （ ） （ ） $\frac{（ ）}{（ ）} = \frac{（ ）}{（ ）} = \frac{（ ）}{（ ）}$ ⑫ 把一张正方形纸对折，涂色表示它的$\frac{1}{2}$。 继续对折，每次找出一个和$\frac{1}{2}$相等的分数，并用等式表示。 $\frac{1}{2} = \frac{2}{4}$ $\frac{1}{2} = \frac{4}{8}$ $\frac{1}{2} = \frac{8}{16}$	$\frac{1}{3} = \frac{2}{6} = \frac{3}{9}$ $\frac{1}{2} = \frac{2}{4} = \frac{4}{8}$	纯数学情境

续表

版 本	教材素材	所用个例	情境类型
青岛版		$\frac{1}{2} = \frac{2}{4} = \frac{4}{8}$	现实情境
西师版		$\frac{1}{2} = \frac{2}{4} = \frac{3}{6} = \frac{4}{8}$	现实情境

学习素材决定学习活动，不同的学习素材预示着不同的教学路径，产生不同的教学效果。

思考

除北师版教材外，其他版本的教材都以"$\frac{1}{2} = \frac{2}{4} = \frac{4}{8}$"为认知特例，这些教材为什么都从 $\frac{1}{2}$ 开始呢？

下面让我们就六套教材的引入部分，做一个粗浅的分析。

（1）基于数学现实：用什么例子引入。

随着数学学习的深入，学生积累的数学知识和方法就成为学生的"数学现实"。在分数的基本性质这节课中，学生的"数学现实"是什么？教材尊重学生的"数学现实"了吗？

在分数基本性质的编排上，传统教材突出的是"结果""计算"，新教材则"重视过程和体验"。解读这些教材研究实例，我们发现共同之处在于：

第一，尊重学生的朴素经验，都注重直观图的应用，基于"寻找相同分数"展开观察与操作，注重学生的过程体验。

第二，除北师版教材外，其他版本的教材均以"$\frac{1}{2} = \frac{2}{4} = \frac{4}{8}$"为认知特例，学生对分数的最初认知就是从"一半"开始，通过对折、对折再对折操作强化，分数的基本性质从"$\frac{1}{2}$"开始，切合学生的现有知识经验和生活经验。

究竟是不是"一半"最接近学生的数学现实，我们曾做过相关的前测（具体的研究方法会在"学生研究"这一章里详细说明，下同），如表4-4所示。

表4-4　判断三组分数的大小关系及画图情况前测统计表

正确率		$\frac{3}{5}$（　）$\frac{6}{10}$		$\frac{1}{2}$（　）$\frac{8}{16}$		$\frac{15}{9}$（　）$\frac{5}{3}$	
		判断正确（%）	画图说明（%）	判断正确（%）	画图说明（%）	判断正确（%）	画图说明（%）
学校	丽水莲外	76.60	59.57	87.23	59.60	76.60	21.28
	丽水实验	56.00	56.00	68.00	68.00	36.00	20.00
	丽水西溪	38.46	15.38	69.23	46.15	23.08	7.69
均　值（答对总人数/总人数）		62.73	52.73	76.36	61.82	51.82	19.10

从这三组分数的前测情况看，$\frac{1}{2}$与$\frac{8}{16}$这组分数判断正确的人数最多，同样，能借助画图说明其等值关系的人数也最多，正好说明了教学从"$\frac{1}{2}$"开始，符合学生现有的认知水平。

从所用个例看，这些版本的教材也有不同之处，浙教版、苏教版、西师版呈现的分数更丰富些，不仅有分母是2、4、8等相等分数，还有分母是3、6、9、12等相等分数。不同的表达方式，不同类型的数，会让学生对于分数基本性质的理解更为深刻。

（2）关注情境创设：提供了怎样的教学情境。

2011年版数学课标指出，数学教学要求紧密联系学生的生活实际，从学生的生活经验和已有知识出发，创设各种情境，为学生提供从事数学活动的机会，激发对数学的兴趣以及学好数学的愿望。

通过创设情境引入新课，是新课改以来被小学数学课堂教学广泛应用的一种入课方式。有效的教学情境，可以使刻板的知识传承变得灵动而鲜活。在课堂上，教师一般会采用生活化情境引入，或者采用纯数学情境引入。新课程改革主张课程内容由"书本世界"向现实生活回归，这就提出了数学教学创设现实情境的需求。纯数学情境立足于数学本身，从新旧知识的连接点切入，用数学自身的内在魅力吸引学生，激发学生的思维体验。

> **思考**
>
> 　　现实情境与纯数学情境各有何优势？对于五年级的学生而言，这两者给课堂带来的效果相同吗？

　　关于分数的基本性质，教材为我们提供了怎样的情境？根据表 4-3 的统计，我们将从纯数学情境和现实情境两个方面进行比较分析。

　　通过比较发现，除青岛版、西师版外，其他四种版本的教材呈现的都是纯数学情境。如果对这四种教材进行比较，也可以发现人教版、浙教版和苏教版通过学生的动手操作引入，在涂一涂、折一折等活动中发现分子、分母的变化规律。而北师版则直接从观察入手，引导学生发现规律。

　　青岛版和西师版的教材引入部分（见图 4-11）在借助现实情境引入新课后，马上跟进的是基于面积模型的动手操作。由此，是不是可以说，对于分数基本性质的教学而言，纯数学情境是不可或缺的认知载体呢？纯数学情境，是不是对数学内涵更为关注，更利于引导学生开展思维操作活动呢？

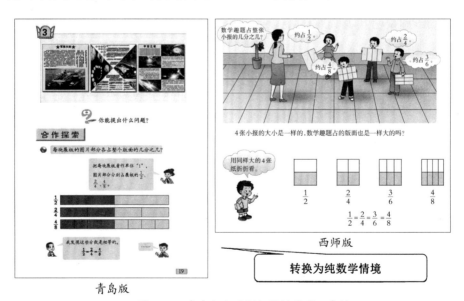

图 4-11　青岛版和西师版教材的引入素材

现实情境源于生活实际，因为课堂上创设的是与学生生活密切相关的数学活动，可以最大限度地激发他们的学习兴趣。纯数学情境立足于学科内部结构，从数学本质的问题出发，从课堂表面的热闹逐步过渡到对数学内涵的关注。我们认为，在课堂上这两者应辩证地应用。对于分数的基本性质这节课来说，可能更多地要关注凸显知识本质的教学情境。

要素 2：表征——基于转化

表征，是对知识的精加工。当学生用动作或符号解释数学时，其实质是对知识的重构，体现的是从模仿到探究的深度学习过程。在此，主要从图式工具和表征类型两个维度进行比较分析。

（1）可视化工具：借助怎样的数学图式表征知识。

重构而成的"数学图式"一般有数学符号、自创符号、实物图、韦恩图、思维导图、概念地图、思维树等。对于分数的基本性质这部分内容而言，数学图式主要包括（见图 4-12）实物模型、面积模型（长方形、正方形、圆平均分成几份）、数线模型（即半抽象线段模型）、线段模型（即数轴雏形）、分数墙等。

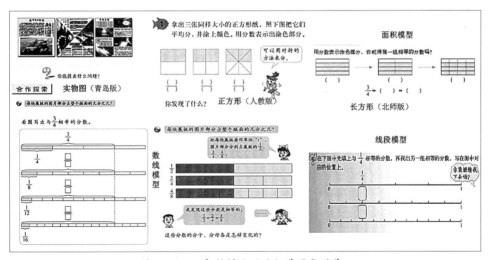

图 4-12　六套教材呈现的数学图式列举

实物模型、面积模型、数线模型等都是分数教学的重要直观模型。通过"平均分"某个实物取其中的一份或几份引入分数，这些直观模型即为分数的"实物模型"。随着知识抽象度的增加，"面积模型""数线模型"等在学习中的地位越来越重要。

> **思考**
>
> 　　各种图式的优势在哪里？哪种图式更利于学生学习？在分数的基本性质的教学中，可以以哪种图式为主要学习工具呢？

此外，还对六套教材中相关知识的图式工具进行了对比分析，如表4-5所示。

表4-5　六套教材中分数基本性质教学的图式工具统计

版　本	实物模型	面积模型	数线模型	线段模型	分数墙
人教版		√（正方形）			
浙教版		√（长方形）	√		
北师版		√（长方形、正方形、圆）	√	√	
苏教版		√（圆、正方形、正六边形）			
青岛版	√	√（圆、正方形）	√		
西师版	√	√（正方形、长方形、圆）			

　　无论哪个版本的教材，都注重直观模型的提供，鼓励学生从直观角度，主动地观察和发现，在讨论交流的基础上认识分数的基本性质。其中，浙教版、北师版和青岛版出现了数线这样的半抽象线段模型，北师版教材出现了抽象的线段模型。

　　从表4-5中也可以发现，六套教材都运用了面积模型。为什么面积模型的地位如此重要呢？数线模型是一种重要的图式工具，它与线段模型有什么联系与区别呢？六套教材都没有运用分数墙，分数墙可以用到分数基本性质的教学中吗？

　　接下来，我们将对这些问题逐一进行解答。首先看第一个问题，"为什么面积模型的地位如此重要"。面积模型的主要价值在于用面积的"部分—整体"建构分数意义，从表4-5的梳理中可见，各个版本教材编写时主要运用了正方形、长方形、圆形等面积分割图，苏教版则出现了正六边形。面积模型在分数基本性质教学中有什么作用呢？在《数学家讲解小学数学》（伍鸿熙，2016）一书中，作者在例证 $\frac{5}{2}=\frac{15}{6}$ 时运用了面积模型进行阐释（见图4-13），直观清晰的表征让抽象的分数基本性质一目了然。

$$\frac{5}{2} = \frac{15}{6}$$

令单位"1"表示单位正方形的面积,则$\frac{5}{2}$表示5个"半正方形"的面积,如下图阴影部分。

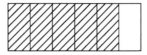

根据15=3×5, 6=3×2,我们把每个单位正方形水平地分为面积相等的三部分,于是每个单位正方形被分成了六个全等的小矩形:

现在我们看到,这个新的阴影部分由3×5=15个小矩形组成,所有小矩形都互相全等,而6个这样的小矩形铺成一个单位正方形,所以用面积的基本性质〔参见第12.5节面积模型(ⅰ)-(ⅲ)以及随后的讨论〕论证表明,每个小矩形的面积$\frac{1}{6}$,故阴影部分的面积$\frac{15}{6}$,因此$\frac{5}{2} = \frac{15}{6}$。

图4-13　利用面积模型理解等值分数[①]

我们也曾经做过相关的前测,在用图说明两个分数是否相等时,面积模型的正确率要高于其他图式,如表4-6所示。

表4-6　判断两组分数的大小关系及画图情况前测统计表

题　目	$\frac{3}{5}\square\frac{3\times2}{5\times(\ )}\square\frac{6}{10}$		$\frac{15}{9}\square\frac{15\div(\ )}{9\div3}\square\frac{5}{3}$	
正确率	判断正确(%)	画图说明(%)	判断正确(%)	画图说明(%)
学校 丽水莲外	50.00	83.33	47.22	44.44
丽水实验	63.46	57.69	59.62	36.54
均　值 (答对总人数/总人数)	57.95	68.18	54.54	39.77

数线模型是比面积模型抽象度更高一点的图式,这两者之间有什么联系呢?数线模型与分数的面积模型有着密切的联系:一个分数可以表示"单位面积"的"一部分",也可以表示"单位长度"的"一部分",前者是二维的面,后者

①〔美〕伍鸿熙(Hung-His Wu).数学家讲解小学数学〔M〕.赵洁,林升亮,译.北京:北京大学出版社,2016.

是趋近一维的线。可以说，数线模型其实是“数轴”的前身，是用“点”来刻画“分数”。

那么数线模型和线段模型又有什么联系呢？浙江省特级教师邵虹老师曾在《分数的基本性质教学研究》报告中指出：“线段模型是一种重要的几何表示，单位是抽象的‘1’，与圆形、三角形等面积模型相比，较抽象，可以帮助学生感知分数的含义。它是数轴的雏形，在学习自然数的时候，已经用过这样的表示方法。看到分数是填在自然数之间的‘新’数，位置在两个相邻的自然数之间，与未来的分数大小、扩分、约分、通分，运算都可以呼应。线段模型是‘圆模型’的半抽象化，可以充当分数的‘份数模型’向‘除法的商’定义过渡的几何载体。”从表 4–6 统计的前测结果看，有近 40% 的学生能够借助线段图表征两个分数之间的相等关系，可见在新知教学中，引入数线模型、线段模型是可行的。

在研读六套教材中发现，没有一套教材编排时用到“分数墙”这种图式（见图 4–14）。这是为何呢？

<table>
<tr><td colspan="12">1</td><td colspan="12">1</td><td colspan="12">1</td><td colspan="12">1</td></tr>
<tr><td colspan="6">$\frac{1}{2}$</td><td colspan="6">$\frac{1}{2}$</td><td colspan="6">$\frac{1}{2}$</td><td colspan="6">$\frac{1}{2}$</td><td colspan="6">$\frac{1}{2}$</td><td colspan="6">$\frac{1}{2}$</td><td colspan="6">$\frac{1}{2}$</td><td colspan="6">$\frac{1}{2}$</td></tr>
<tr><td colspan="4">$\frac{1}{3}$</td><td colspan="4">$\frac{1}{3}$</td><td colspan="4">$\frac{1}{3}$</td><td colspan="4">$\frac{1}{3}$</td><td colspan="4">$\frac{1}{3}$</td><td colspan="4">$\frac{1}{3}$</td><td colspan="4">$\frac{1}{3}$</td><td colspan="4">$\frac{1}{3}$</td><td colspan="4">$\frac{1}{3}$</td><td colspan="4">$\frac{1}{3}$</td><td colspan="4">$\frac{1}{3}$</td><td colspan="4">$\frac{1}{3}$</td></tr>
<tr><td colspan="3">$\frac{1}{4}$</td><td colspan="3">$\frac{1}{4}$</td><td colspan="3">$\frac{1}{4}$</td><td colspan="3">$\frac{1}{4}$</td><td colspan="3">$\frac{1}{4}$</td><td colspan="3">$\frac{1}{4}$</td><td colspan="3">$\frac{1}{4}$</td><td colspan="3">$\frac{1}{4}$</td><td colspan="3">$\frac{1}{4}$</td><td colspan="3">$\frac{1}{4}$</td><td colspan="3">$\frac{1}{4}$</td><td colspan="3">$\frac{1}{4}$</td><td colspan="3">$\frac{1}{4}$</td><td colspan="3">$\frac{1}{4}$</td><td colspan="3">$\frac{1}{4}$</td><td colspan="3">$\frac{1}{4}$</td></tr>
<tr><td colspan="2">$\frac{1}{6}$</td><td colspan="2">$\frac{1}{6}$</td><td colspan="2">$\frac{1}{6}$</td><td colspan="2">$\frac{1}{6}$</td><td colspan="2">$\frac{1}{6}$</td><td colspan="2">$\frac{1}{6}$</td><td colspan="2">$\frac{1}{6}$</td><td colspan="2">$\frac{1}{6}$</td><td colspan="2">$\frac{1}{6}$</td><td colspan="2">$\frac{1}{6}$</td><td colspan="2">$\frac{1}{6}$</td><td colspan="2">$\frac{1}{6}$</td><td colspan="2">$\frac{1}{6}$</td><td colspan="2">$\frac{1}{6}$</td><td colspan="2">$\frac{1}{6}$</td><td colspan="2">$\frac{1}{6}$</td><td colspan="2">$\frac{1}{6}$</td><td colspan="2">$\frac{1}{6}$</td><td colspan="2">$\frac{1}{6}$</td><td colspan="2">$\frac{1}{6}$</td><td colspan="2">$\frac{1}{6}$</td><td colspan="2">$\frac{1}{6}$</td><td colspan="2">$\frac{1}{6}$</td><td colspan="2">$\frac{1}{6}$</td></tr>
</table>

图 4–14　分数墙

分数墙在西方的数学教学中运用得比较多。在第二章课程标准研读中，曾经提到过澳大利亚 2011 年颁布的数学课程标准中关于分数基本性质的要求具体是这样的：“通过折叠一系列的纸带建造一面分数墙，探究分数组之间的关系（如$\frac{1}{2}$，$\frac{1}{4}$，$\frac{1}{8}$或是$\frac{1}{3}$和$\frac{1}{6}$）。”① “分数墙”是学习分数时的重要脚手架，在分数意义

①曹一鸣．十三国数学课程标准评介（小学、初中卷）[M]．北京：北京师范大学出版社，2012:19.

的理解、分数大小的比较、分数加减法等知识的教学中，都发挥着举足轻重的作用，那么在分数基本性质的教学中，它可以缺席吗？

> **思考**
>
> 你认为在分数基本性质的教学中，可以运用分数墙进行教学吗？

（2）注重多元表征：哪种表征方式更利于学生学习。

动作表征，是指在"折一折""涂一涂"中寻找等值分数，体会等值的内涵；图像表征，是在"画一画"中体会分数间的相等关系，感受分数的分子、分母的变化规律；图式表征，是由图形、箭头标识、等式等组成的示意图，揭示分数组之间的变化规律；算式表征，是运用等式表示分数之间的等值关系，揭示变化规律。解读这六套教材，可以说各版本教材都体现着多元表征的思想（见表4-7）。

表4-7 六套教材中分数基本性质呈现的表征方式统计

版 本	表征形式			
	动作表征	图像表征	图式表征	算式表征
人教版	√		√	√
浙教版	√		√	√
北师版		√	√	√
苏教版	√			√
青岛版			√	√
西师版	√			√

从表4-7中可以发现，人教版、浙教版、苏教版和西师版安排了"折一折"的动手表征活动，其价值是什么呢？从前测看，有60%的学生能画图表征两个分数的相等关系，这里的动手操作是不是多余的呢？我们认为教学从具象的动手表征开始，到抽象的符号表征结束，是符合学生的认知特征的。教学时，我们总是在寻找适合学生的切入点与兴奋点，直观具体的动手操作就是这样一种能有效激发学生参与热情的学习方式。

我们也发现，只有北师版安排了图像表征环节（见图4-15），图像表征的价值体现在哪里？图像表征是一种表象操作，可以把知识进一步内化。学生能把"分数的基本性质"通过画图表征出来吗？通过前测，我们认为，大多数学生能表征出来，因为他们已经积累了较为丰富的图像表征的学习经验。

● 用分数表示涂色部分，你能得到一组相等的分数吗？

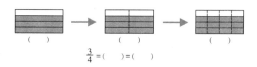

$$\frac{3}{4} = (\quad) = (\quad)$$

● 请你再举一组这样的例子，并与同伴进行交流。

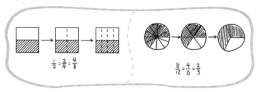

图 4-15　北师版教材"五上"第 72 页

我们也注意到，所有版本教材都用到了算式表征，除苏教版和西师版外其他四种教材用了图式表征。图式表征和算式表征的不同点是什么？图式表征优于算式表征的地方表现在哪里？如图 4-15 所示，图式表征中图与式结合，分数间的等值关系可视化了，使知识内化。算式表征是抽象度最高的表征手段，在分数基本性质规律揭示过程中，让认知从表层走向内核。

要素 3：互译——基于沟通

不同的版本提供了不同的教学素材，在活动的设计上也不尽相同，但大体的教学路径基本是一致的。在前面的分析中我们也看到，学生的学习活动大体相同，例如观察、猜想、验证、发现、概括。我们先来梳理一下各版本的核心要素，如表 4-8 所示。

表 4-8　六套教材部分核心要素的比较分析

要　素	人教版	浙教版	北师版	苏教版	青岛版	西师版
经历发现过程	√	√	√	√	√	√
概括总结规律	√	√	√		√	√
举例说明	√（结论之前）		√（引入之后）		√（结论之后）	
与商不变性质沟通	√	√		√		√

各版本教材编排中引导学生发现分数基本性质的过程基本相近，在前面对教材的整体解读中已有解释，不再赘述。在此重点从"互译"层面进行阐释。

"互译"是不同数学语言的相互转换，是一种融会贯通、举一反三的数学表达能力，起着重要的联系、沟通、重组与整合作用。在这里，我们从举例说明、沟通与应用两个维度进行分析。举例说明是图式与语言进行沟通的中介；沟通与应用环节则表现为各种语言之间的灵活切换能力。

（1）关注合情推理：是否编排了"举例说明"。

在六套版本教材的新知探究环节，都是从动手操作入手，在操作、观察、比较中发现相等关系，再通过观察分子、分母的变化规律引发猜想，然后通过验证得出结论，这个过程渗透着不完全归纳的思想，是学生合情推理能力的培养过程。分数基本性质的教学大体会经历"猜想→验证→归纳→应用"这四个历程，"举例"活动需要介入吗？六套教材中，北师版的举例活动编排在引入之后，人教版编排在结论之前，青岛版编排在结论之后，其他三个版本教材没有涉及"举例"这个环节。

> **思考**
>
> 人教版、北师版和青岛版编排了"举例说明"的环节，其用意是什么呢？

举例，指借用具体的，相对来说较容易理解的实例对抽象化事物进行阐述。小学生思维发展处于具体运算阶段，在理解抽象的数学概念或原理时，呈现正例与学习过程中生成的反例，有助于学生把握知识的本质内涵。史宁中教授曾说过："讲课讲不明白的时候，最好的方法是举例说明。对一个知识是不是理解了呢，最好的办法也是举例说明。"而在结论出来之后引导学生举例，是抽象知识内化的过程，便于学生理解和灵活运用。

三个版本编排的"举例"活动出现在三个不同的环节，你认为"举例"活动出现在哪个环节比较合适呢？我们认为，将它放在验证环节后面比较合适（见图4-16）。

在揭示该性质前，通过主动举例说明，可以加深对知识的理解。如果

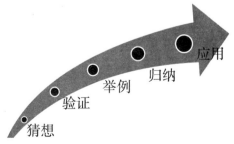

图 4-16　经历发现过程

学生举例过程中出现反例，更是难求的生成性学习素材。

在课堂上，我们曾做过"用一句话表达两个相等分数中分子、分母变化规律"的测试，结果不容乐观，如表4-9所示。

表4-9 用一句话表达两个相等分数中分子、分母变化规律的前测统计

学 校	结 果		
	完全正确(%)	只说出分子、分母变化规律(%)	只说出相等关系(%)
丽水莲外	44.68	4.26	4.26
丽水实验	12.00	16.00	0
丽水西溪	7.69	0	7.69
均 值（答对总人数 / 总人数）	25.25	9.09	2.73

从前测中我们发现，让学生用完整的语言归纳分数的基本性质存在着相当大的困难。通过举例可以丰富学习材料，当学生占有一定量的鲜活素材时，再进行不完全归纳，语言表征的难度可能会降低一些。

（2）关注演绎推理：与商不变性质是否沟通。

如果学生概括分数基本性质的过程是合情推理，那么学生根据分数与除法的关系，以及整数除法中商不变的规律来说明分数的基本性质，是分数基本性质的演绎推理过程。

> **思考**
>
> 人教版、浙教版、苏教版和西师版在得出结论后与商不变性质沟通，青岛版在举例验证环节与商不变性质建立联系，而北师版教材没有提及。为什么会这样编排呢？为什么都没有运用商不变性质来导入新课呢？

在六套教材的新知探究环节，我们发现都没有从商不变性质引入新课。如果商不变性质是分数基本性质的"前生"，那么比的基本性质就是它的"后世"。分数基本性质的教学从商不变性质而来，不是很顺畅吗？为什么大家不约而同地放弃了呢？在此，我们也可以用前测加以说明，如表4-10所示。

表4-10　说明两个分数是否相等方法的前测统计

说明的方法	班 级				合计（人）
	501（人）	502（人）	503（人）	504（人）	
用图形证明	16	27	18	12	73
用分数的意义证明	0	0	1	0	1
求分数值	7	2	1	0	10
与商不变性质的联系	2	0	0	0	2
用分数的基本性质循环证明	16	12	9	25	62

在检测中，我们发现仅有两位学生能够和商不变性质联系起来，可见，尽管两条性质本质相同而形式不同，但对于两者的沟通，学生还是存在着一定的困难。

那么在分数的基本性质教学中，需要与商不变性质进行沟通吗？答案一定是肯定的，需要！人教版、浙教版、苏教版和西师版在教材编排中有了一定的体现。那么问题又来了，教学中我们应该如何让学生去与商不变性质进行沟通呢？人教版、苏教版的问题是"根据分数和除法的关系，你能用整数除法中商不变的规律来说明分数的基本性质吗？试着在小组里说一说"。可问题在于，学生会如何用商不变性质来说明分数的基本性质呢？我们认为，浙教版的设计可能更符合学生的认知水平（见图4-17）。

在□里填数

$$4 \div 10 = 2 \div □ = □ \div 20 \rightarrow \frac{4}{10} = \frac{2}{□} = \frac{□}{20}$$

$$15 \div 21 = □ \div 42 = 5 \div □ \rightarrow \frac{15}{21} = \frac{□}{42} = \frac{5}{□}$$

图4-17　浙教版教材"五下"第13页

四、教学启示：分数基本性质教学的优化

通过整体视角和微格分析六套教材的共性之处与个体特色，我们相信大家心里一定建构起了教学的基本蓝图。分数基本性质可以如何教学呢？我们认为，把握了以下几点，教学会更富有生命力。

（一）聚焦分数单位，体会等价关系

我们曾就"$\frac{2}{3}$与$\frac{8}{12}$大小相等吗？画一画、写一写证明过程"这道题，对丽水实验学校的五年级203位学生做过一次前测，结果如表4-11所示：

表4-11　判断$\frac{2}{3}$与$\frac{8}{12}$大小是否相等前测统计

判断结果与证明方法	班　级				合计（人）
	501（人）	502（人）	503（人）	504（人）	
认为不相等	5	2	5	6	18
认为相等	49	53	41	42	185

通过前测我们发现，学生对分数的基本性质知晓率达90%以上，那么这节课对于学生来说是不是就一点儿难度也没有了？当然不是。等值分数的理解与寻找是教学的难点，其核心在于"分数单位"。在这个过程中，一个重要的几何载体即线段模型应发挥作用。各版本的教材比较中，浙教版、青岛版及北师版均出现了半抽象或抽象的线段模型。我们认为，在新知探究环节，半抽象的数线模型应占据重要的地位；在知识应用环节，抽象的线段模型也应有其一席之地。

（二）凸显图式直观，关注思维可视

新课标强调让学生动手实践，自主探索，让学生亲历知识的形成过程，各版本的教材设计都体现了这一理念，且都凸显了"图式直观"这一元素，它是学习分数的重要方式。因此，分数基本性质的教学一定是以图像为支架的。在教学中，我们可以从学生视角出发，以图像为支架，关注思维可视。例如，在北师版教材中，引导学生自主表征、表达的理念有着很好的渗透。

（三）运用多元表征，促进主动建构

图式是学生表征的支架，教学中，我们需要引导学生经历从使用支架到改造支架再到创建支架的过程，立足于培养学生的主动学习能力和学习方法的掌握，让学生从具象思维慢慢向逻辑思维发展，如表4-12所示。

表4-12　多元表征思维层次体现

思维层次	直观载体举例	思维形式
具象思维—使用支架	情境图、实物图	观察、发现
抽象思维—改造支架	个性化的图式符号	验证、理解
逻辑思维—创建支架	概念图、思维导图	归纳、演绎

（四）关注互译，完善知识结构

分数基本性质、商不变性质以及比的基本性质，本质相同而形式不同，主要是适应不同的情境。关注"商不变性质"与"分数基本性质"之间的互译，合情推理与演绎推理相互印证，才能加深学生对分数基本性质的理解，完成知识体系的建构。这层意思，在人教版、苏教版、浙教版和西师版的教材编写中均有体现。

第二节　同一时期大陆与台湾省教材的比较研究

台湾省的教材编写有其特色，研究台湾省出版的教材编写，吸取其教材中的精华之处，对于数学教学具有很重要的借鉴意义。

数学学科在台湾省九年一贯教育体系中具有非常重要的地位。1997年台湾省开放民间编印教科书，台湾省教育行政部门只颁布《课程纲要》。台湾省的基础教育改革，从"统编"到"一纲多本"（如康轩版、翰林版等）再到"省编"，经历了一个比较长的取舍与优化的阶段。目前，台湾小学数学教科书是依据2008年台湾省教育行政部门颁布的《"国民"中小学九年一贯课程纲要——数学学习领域》编写的。

一、大陆与台湾省教材编排的异同

在此，以郑国顺等主编、"国立编印馆"2013年出版的教材（以下简称"台湾省编版教材"）和李坤能等主编、翰林出版事业有限公司2014年出版的教材（以下简称"翰林版教材"）为研究对象。依照大陆六套教材的研究思路，也从整体结构、微格分析（学习情境、表征形式）等维度进行比较研究。

（一）两岸教材的结构异同

台湾省教材会以什么思路来编写呢？下面从两个方面来具体分析。

1. 知识点名称与所占篇幅的比较

台湾省编版和翰林版教材（见图4-18、图4-19）中分数的基本性质所占的篇幅如表4-13所示，与前面所统计的大陆六套教材相比，可以说这八套教材中所占的篇幅较为接近。那么是不是可以说，这样的比重预示着在教学时所花的教学时间应该是相近的？

表4-13 台湾省编版和翰林版相关教材所占篇幅

版　名	所在年级	新课页数	全册页数	所占全书的百分比(%)
台湾省编版	四年级下学期	2	119	1.7
翰林版	四年级下学期	2	136	1.5

在教材研读中，我们发现大陆教材的编排和台湾省教材的编排有很大的差异，大陆教材都用了"分数的基本性质"这一名称，而台湾省出版的教材则出现了"等值分数"这一概念。

> **思考**
>
> "分数的基本性质"和"等值分数"这两种提法，有什么本质的区别呢？不同的提法对教学会产生哪些不同的影响呢？

大家都知道，对等值内涵的理解是分数基本性质教学的核心环节。有研究表明，中国五年级以上的小学生能够熟练掌握等值分数的运算法则，但在等值分数的概念理解上存在不同程度的困难。[1][2]

2. 教材相关知识结构体系的比较

两岸的教材除了概念名称的差异外，相关的结构体系与思路也不尽相同。我们注意到，关于分数的教材编排，大陆的教材一般分为两个阶段：第一阶段

---

①刘春晖，辛自强．五—八年级学生分数概念的发展［J］．数学教育学报，2010，19（5）:59-63.
②苏洪雨．七年级学生分数学习情况的调查研究［J］．数学教育学报，2007，16（4）:48-51.

在三年级，让学生初步认识分数，第二阶段集中编排在五年级，让学生完善对分数意义的理解。"分数的基本性质"这一知识点，大陆六套教材都编排在"五上"或者"五下"，以"分数的意义与性质"为一学习单元，之前理解分数的意义、分数与除法的关系，之后学习约分、通分、分数大小比较、异分母加减法等知识。而台湾版教材则是在"四下"编排了"等值分数"这一单元，再在"五上"编排约分、通分等相关知识。相比较而言，台湾省的教材这样分散编排突出了对等值分数概念内涵的理解。而大陆的教材为关注分数的运算，而较少关注等值分数概念的内涵以及学生对等值分数概念的理解。[①]

　　就这节课而言，台湾省教材也提供了不一样的编排思路。两个版本的教材都结合具体情境引入，台湾省翰林版教材（见图4-18）由两个情境组成，情境一是以纸带为载体，在解决"$\frac{1}{2}$条、$\frac{1}{3}$条、$\frac{1}{4}$条纸带分别和几分之几条纸带一样长"这个数学问题中理解等值的内涵，寻找与它们相等的分数。情境二是以苹果图为载体，在解决"一盒苹果有12颗，$\frac{4}{12}$盒是几颗，$\frac{1}{3}$盒是几颗，$\frac{4}{12}$盒和$\frac{1}{3}$盒一样多吗"这个数学问题中从另一个层次理解等值分数的内涵，在发现、解释、应用中建构等值分数的概念。

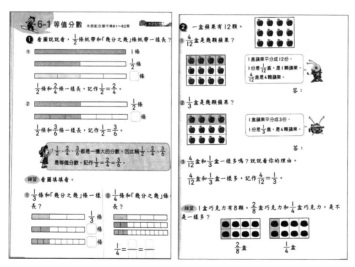

图4-18　台湾翰林版"四下"相关教材编排

①张文宇，张守波．海峡两岸小学数学教材分数内容例题的比较研究［J］．数学教育学报，2015（3）:68-72．

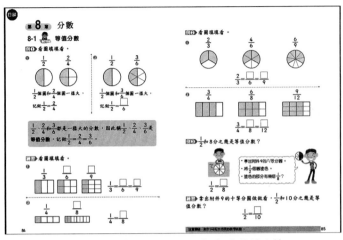

图 4-19 台湾省编版"四下"相关教材编排

台湾省编版教材（见图 4-19）关于等值分数在整个教材编排中出现了两次，分别在"四下"和"五上"。"四下"的教材中主要以体会三组等值分数展开，引导学生根据直观模型感受"$\frac{1}{2}$个圆和$\frac{2}{4}$个圆、$\frac{3}{6}$个圆一样大"，理解第一组等值分数$\frac{1}{2}=\frac{2}{4}=\frac{3}{6}$；接着再借助直观模型寻找分别与$\frac{2}{3}$、$\frac{3}{4}$等值的分数，在读图观察中初步理解等值分数的内涵，建构等值分数的概念；最后再动手操作寻找等值分数。"五上"的教材则是在知识应用过程中进一步理解概念（见图 4-20）。

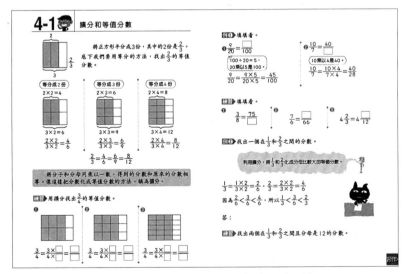

图 4-20 台湾省编版"五上"相关教材编排

比较两个版本的教材，它们都以"$\frac{1}{2}$、$\frac{2}{4}$、$\frac{3}{6}$是一样大的分数，因此称$\frac{1}{2}$、$\frac{2}{4}$、$\frac{3}{6}$是等值分数"这样描述性的方式给出了等值分数的定义，强调结合具体的情境理解等值分数的内涵。此外，省编版教材提供学具包，让学生在动手操作、图像表征中寻找等值分数的活动值得我们借鉴。

思考

　　大陆版教材和台湾省教材编排的着力点有何不同？为什么会有这样不同的取舍？

（二）两岸教材编排核心要素的异同

　　前面已从立足于整体的视角初步分析了两岸教材编排的异同，接下来从教材呈现、学习情境、图式工具、表征形式、学习路径等几个核心要素进行微格分析（见表 4–14）。

表4–14　台湾省编版和翰林版教材的核心要素比较

版　本	教材呈现	学习情境	图式工具	表征形式	学习路径
省编版		纯数学情境	面积模型（圆形）	图像表征 语言表征 算式表征	
		纯数学情境	面积模型（圆形、长方形）	图像表征 语言表征 算式表征	读图观察 ↓ 读图写数 ↓ 解释应用
		纯数学情境	面积模型（圆形）	图像表征 语言表征 算式表征	

续表

版　本	教材呈现	学习情境	图式工具	表征形式	学习路径
翰林版	❶ 看图说说看，$\frac{1}{2}$ 条纸带和「几分之几」条纸带一样长？ ⓐ 1条 … $\frac{1}{2}$条，$\frac{2}{4}$条 … $\square$条 … $\frac{1}{2}$ 条和 $\frac{2}{4}$ 条一样长，记作 $\frac{1}{2}=\frac{2}{4}$ ⓑ … $\frac{1}{2}$条 … $\square$条 … $\frac{1}{2}$ 条和 $\frac{3}{6}$ 条一样长，记作 $\frac{1}{2}=\frac{3}{6}$	现实情境	数线模型（纸带）	图像表征 语言表征 算式表征	读图观察 ↓ 画图理解 ↓ 解释应用
	❷ 一盒苹果有12颗。ⓐ $\frac{1}{12}$盒是几颗苹果？ 1盒苹果平分成12份，1份是$\frac{1}{12}$盒，是1颗苹果。 答： ⓑ $\frac{1}{3}$盒是几颗苹果？ 1盒苹果平分成3份，1份是$\frac{1}{3}$盒，是4颗苹果。 答： ⓒ $\frac{4}{12}$盒和$\frac{1}{3}$盒一样多吗？说说看你的理由。 $\frac{4}{12}$盒和$\frac{1}{3}$盒一样多，记作 $\frac{4}{12}=\frac{1}{3}$	现实情境	实物图（矩阵图）	图像表征 语言表征 算式表征	
	❸ 1盒巧克力有8颗。$\frac{2}{8}$盒 巧克力和$\frac{1}{4}$盒巧克力，是不 是一样多？ $\frac{2}{8}$盒 $\frac{1}{4}$盒	现实情境	实物图（矩阵图）	语言表征	

1. 教材呈现的异同

大陆六套教材的研究例子主要集中在以 $\frac{1}{2}$ 为引入例子，以分母 2、4、8 为主，在此基础上补充分母是 3、6、9、12 等的分数进行比较。

台湾省编版教材的例题引导学生着力研究这样几组等值分数：$\frac{1}{2}$、$\frac{2}{4}$、$\frac{3}{6}$，$\frac{2}{3}$、$\frac{\square}{6}$、$\frac{\square}{9}$，$\frac{3}{4}$、$\frac{\square}{8}$、$\frac{\square}{12}$，在练习中再进行补充。翰林版教材呈现的例子不如省编版丰富，主要研究"$\frac{1}{2}$、$\frac{2}{4}$、$\frac{3}{6}$"和"$\frac{4}{12}$、$\frac{1}{3}$"这两组分数，在尝试练习中补充分母是 3、4、8 的等值分数理解。

比较而言，两岸教材提供给学生的研究例子基本接近，都是从"一半"入手，以分母 2、4、6、8 为主，分母是 3、6、9、12 的分数作为加深理解的素材。

2. 学习情境和图式工具的异同

大陆的六套教材除青岛版、西师版以现实情境引入外，其他四套教材都是从纯数学情境入手的；都注意图式直观，借助于长方形、正方形、圆形等面积模型和数线模型帮助学生理解分数基本性质。

从表 4-14 中的比较中发现，台湾省编版主要采用了借助于面积模型的纯数学情境展开，这样的编排与大陆六套教材的思路可以说完全相同，所不同的是两岸教材的着力点不同，台湾省编版教材直指"几分之几个圆与几分之几个圆一样大"这一关于等值分数理解的核心问题，而大陆的教材更多地指向"分子、分母有何变化规律"这一层面。

翰林版教材则是结合分纸带和分苹果两个现实情境引入，围绕"$\frac{1}{2}$ 条纸带和几分之几条纸带一样长""$\frac{4}{12}$ 盒和 $\frac{1}{3}$ 盒一样多吗"这两个核心问题展开，教材中所出现的分数都是一种具体量，都带有计量单位。可以说，这样的编排非常具有特色，对等值分数这一概念的理解，教材也体现得恰到好处。

> **思考**
>
> 台湾省翰林版强调"分数具体量"这一点是其独到之处，这样编排有何优势呢？

下面，我们就来分析一下翰林版教材的独到之处。

首先，强调在"具体语境"中理解等值分数。澳大利亚教材中，等值分数也编排在四年级，对于该知识点的教学，澳大利亚 2011 年版的课程标准中给出了"探讨语境中使用的相等分数"的具体要求。[1]翰林版教材就是引导学生在"具体语境"中研究等值分数。

其次，等值概念建构丰满，关注连续量和离散量。根据吕玉琴的研究，分数概念的情境可以分为离散量和连续量，通过连续量情境呈现的分数更容易让学生接受。[2]翰林版教材先从一维连续量情境——纸带引入，初步理解等值分数概念，再过渡到离散量情境——苹果实物图，进一步理解等值内涵。

分析了学习情境之后，我们再来看两岸教材呈现的图式工具的异同。台湾省编版教材的图式主要是以面积模型为主，用到了圆形、长方形的等分图；翰林版教材剥离其现实情境，所用的图式是数线模型和实物矩阵图。两岸的八套教材都非常关注图像直观，强调通过图像这一视觉化学习形式促进对知识内涵

---

[1]曹一鸣.十三国数学课程标准评介（小学、初中卷）[M].北京：北京师范大学出版社，2012:19.

[2]吕玉琴.分数概念：文献探讨[J].台北师院学报，1991（4）:573-605.

的理解。

3. 表征形式和学习路径的异同

从学习情境、图式工具的分析中，我们发现两岸的教材形式上看似接近，但本质上却有很大的差别。那么，在表征形式和学习路径上会有哪些不同之处呢？

从表 4-14 中的比较我们也发现，台湾省的两部教材都是以"图像、语言、算式"三种表征结合的形式出现的，相对于大陆"猜想—验证—归纳—应用"的学习路径而言，台湾省的教材看起来要简单得多，学习活动主要在读图中展开，在读图中寻找与已知分数等值的分数，再以"几分之几和几分之几一样大"为思维内核进行语言表征。

二、大陆与台湾省教材比较研究的启示

通过教材的比较，我们发现两岸相关教材的编排都以贴近学生的直观模型为载体，最大的不同是对于知识的不同界定，名称的不同直接影响到教材编排的着力点，进而影响到课堂教学。那么，编排"等值分数"有什么具体意义呢？仅仅是换了一个名称那么简单吗？通过海峡两岸的教材对比，我们可以获得哪些启示呢？

（一）凸显等值内涵的理解，促进意义建构

研究表明，不论是国内的学生还是国外的学生，在学习等值分数概念时都表现出明显的困难，在历经等值分数的学习活动后，仍无法获得透彻的完整概念。他们对概念的理解往往是机械性的，即只知道要将分子、分母同时乘以或除以同一个数，却不了解等值分数中隐含着分割、单位量转换以及单位分数等概念。[①]学生面对不熟悉的等价类（而且是无限等价类），是感到分数学习困难的根源之一。我们发现，台湾省出版的教材基于学生的生活经验和已有的知识经验，从具体的量到分率，在多层次的寻找等值分数的活动中理解分数的"等价类"思想，会促进学生对知识的意义建构。

此外，我们的教学也可以对分数内容进行分散编排，将目前集中在五年级的"分数的意义与性质"相关内容提前一部分安排在四年级学习，减少五年级分数内容的容量，这样还能够增加分数内容编排的循环，缩短"三上"与"五下"

①韩玉蕾，辛自强，胡清芬.等值分数概念的理解［J］.心理发展与教育,2012（2）:210-215.

分数学习所间隔的时间，保证分数学习的连续性。^①

（二）重视图像表征形式，强调数线模型的运用

研读两岸的八套教材，我们发现教材都是以多元表征的形式在推进学习，其中图像表征是重要元素。分数是比较抽象的数学概念，等值内涵的理解更给学生带来极大的考验，基于图像表征的可视化学习应该是学习分数基本性质的重要学习方式。

两岸的八套教材中，以圆形、长方形、正方形等分的面积模型比较常见，"数线模式"的表征方式相对比较少，线段等分的"数轴模式"则只在北师版教材中出现了。分数虽然可以看作是除法运算的一种表示，但分数本身是数而不是运算。^②因此，"分数可代表数轴上一点"这种表达形式对于理解分数本质具有重要意义，^③"将分数在数线上直观表达出来，是促进学生正确理解分数定义的有力工具，是沟通各种表征形式的良好介质"，^④因此，需要在教学中重视图像表征形式，强调数学模型的运用。

在学习和理解课程标准的基础上，对某一主题的教学内容尽可能多地参考不同版本的教材，可以使我们更好地分析、消化和处理教材中的相关学习内容。阅读不同版本的教材对教师而言有一个显而易见的好处，即教师不再把教材神圣化，而实现了和课程标准的直接"对话"。

---

① 张文宇，张守波．海峡两岸小学数学教材分数内容例题的比较研究［J］．数学教育学报，2015（3）：68-72.

② 蒲淑萍．"中国美国新加坡"小学数学教材中的"分数定义"［J］．数学教育学报，2013-22（4）：21-24.

③ 史宁中．基本概念与运算法则——小学数学教学中的核心问题［M］．北京：高等教育出版社，2013.

④ 张文宇，张守波．海峡两岸小学数学教材分数内容例题的比较研究［J］．数学教育学报，2015（3）：68-72.

第三节 教材习题编排的比较研究

在数学教科书中，广义的"习题"既包括习题，也包括例题。但在本文中，教科书中的"习题"仅包括习题。本文以现行小学数学各版本教材中"分数的基本性质"一课为例，对其中的习题部分进行比较，以了解不同教材的编写特色，并为教师自主设计相关练习提供参考。本文主要从习题数量、习题选材、习题认知三个维度来分析。

一、习题数量研究

在此，用于比较的依然是前文所提到的现行六套大陆教材。对比的习题包括新课中的习题和紧随新课之后的练习课中与分数的基本性质有关的习题（见表4-15）。

表4-15　各版本教材分数的基本性质相关题量统计

教材版本	人教版	北师版	苏教版	浙教版	西师版	青岛版
习题数（道）	13	8	8	5	7	11

人教版和西师版在学习分数的基本性质之后有一个单独的综合练习；苏教版在学习分数的基本性质和约分、最简分数合成一个综合练习（练习十）；浙教版在学习分数的基本性质和公因数的内容之后安排了一个综合练习；北师版在学习分数的基本性质之后与分数的再认识、真分数假分数、分数与除法连在一起编排了一个综合练习（练习六）；青岛版中的"自主练习"部分题量也是挺多的，其后的综合练习是这一单元的整理和复习，在此不将其计算在内。

二、习题选材研究

关于习题选材一般分为生活情境和数学情境，对现行的六套教材中的习题进行分类，如表4-16所示。

表4-16　各版本教材分数的基本性质习题选材统计

教材版本	人教版	北师版	苏教版	浙教版	西师版	青岛版
生活情境（道）	4	0	0	0	1	3
数学情境（道）	9	8	8	5	6	8

由表4-16可见，分数的基本性质的选材中，数学情境远远多于生活情境。生活情境的选材只有三个版本的教材有涉及，分别是人教版、西师版和青岛版。

人教版是根据分数的基本性质来解决生活中等值或不等值的分数比较大小的情况，或者是判断几个分数是不是等值。西师版则是利用了《西游记》中的师徒四人的情境，来找另一个已知分子的等值分数。青岛版是利用分数的基本性质在生活情境中比较两个分母不同的分数的大小，或者用新房的平面图来找等值分数。

而这六套教材涉及数学情境的习题包括：写一写、说一说、画一画等值分数，在直线上表示出等值分数，判断两个分数是否相等及原因等。其中，先判断哪些分数相等再在直线上表示出来，对学生来说是有难度的，尤其是直线上只标明0、1、2这三个点。

三、习题研究维度

顾泠沅等先后两次进行大样本测试，并经过分析、改造，提出数学认知水平的四层次分析框架，分别为计算——操作性记忆水平、概念——概念性记忆水平、领会——说明性理解水平、分析——探究性理解水平。[①]我们结合"分数的基本性质"的有关内容，把该认知水平分析框架具体化，并且用数学认知水平来比较这六套教材中的习题。

（一）认知水平分析框架具体化

水平1：计算——操作性记忆水平。这里计算是指直接根据分数的基本性质写出另一个等值分数的分子或分母，根据已知分数涂一涂发现两个分数相等（见图4-21）。

---

①高文君，鲍建生．中美教材习题的数学认知水平比较：以二次方程及函数为例［J］．数学教育学报，2009，18（4）：57-60.

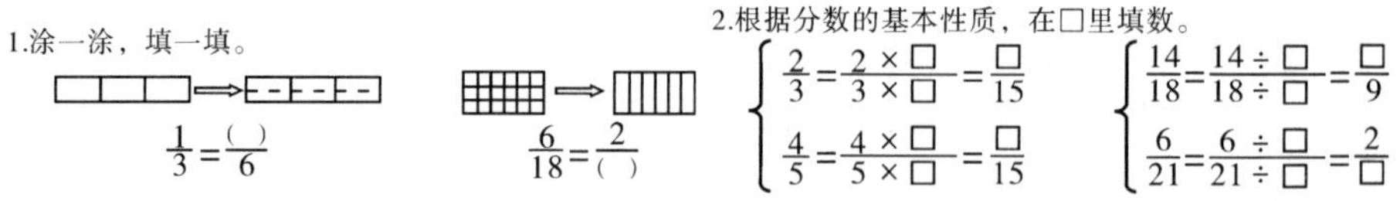

1.涂一涂，填一填。

$$\frac{1}{3} = \frac{(\quad)}{6}$$

$$\frac{6}{18} = \frac{2}{(\quad)}$$

2.根据分数的基本性质，在□里填数。

$$\begin{cases} \dfrac{2}{3} = \dfrac{2 \times \square}{3 \times \square} = \dfrac{\square}{15} \\ \dfrac{4}{5} = \dfrac{4 \times \square}{5 \times \square} = \dfrac{\square}{15} \end{cases}$$

$$\begin{cases} \dfrac{14}{18} = \dfrac{14 \div \square}{18 \div \square} = \dfrac{\square}{9} \\ \dfrac{6}{21} = \dfrac{6 \div \square}{21 \div \square} = \dfrac{2}{\square} \end{cases}$$

北师版   浙教版

图 4-21 北师版、浙教版相关习题

水平 2：概念——概念性记忆水平。考查学生对等值分数和等值分数分子分母变化规律的记忆，判断两个分数是否相等，把分数改写成分母是固定数的等值分数，用自己的方法来说明分数的基本性质。例如：

人教版：下面每组中的两个分数是否相等？相等的在括号里画"√"，不相等的画"×"。

$\dfrac{21}{36}$和$\dfrac{6}{10}$（　　）　$\dfrac{9}{18}$和$\dfrac{1}{9}$（　　）　$\dfrac{7}{12}$和$\dfrac{21}{36}$（　　）　$\dfrac{5}{15}$和$\dfrac{1}{5}$（　　）

西师版：把下面的分数化成分母是 6 而大小不变的分数。

$\dfrac{1}{2}$　　　$\dfrac{16}{24}$　　　$\dfrac{2}{3}$　　　$\dfrac{24}{36}$

北师版：请你用画图或列算式的方式说明分数的基本性质。

$$\frac{1}{5} = \frac{1 \times 3}{5 \times 3} = \frac{3}{15}$$

图 4-22 是选自青岛版的教材，体现了一定的灵活性和开放性，但是它也是基于对分子、分母变化规律的记忆就可以直接写出得数，因此也将其归为第二水平。

10.填一填。

$$\frac{3}{4} = \frac{3 \times (\quad)}{4 \times (\quad)} = \frac{(\quad)}{12} \qquad \frac{16}{20} = \frac{16 \div (\quad)}{20 \div (\quad)} = \frac{4}{(\quad)}$$

$$\frac{3}{5} = \frac{3 \bigcirc (\quad)}{5 \times 3} = \frac{(\quad)}{15} \qquad \frac{6}{18} = \frac{6 \bigcirc (\quad)}{18 \bigcirc (\quad)} = \frac{(\quad)}{(\quad)}$$

图 4-22 青岛版相关习题

> **思考**
>
> ### 你认为图 4-22 这个习题应归到水平 2 还是水平 3？为什么？

水平 3：领会——说明性理解水平。柯朗在《数学是什么》（1984）中指出"数学的教学，逐渐流于无意义的单纯演算习题的训练，固然这可以发展形式演算的能力，但却无助于对数学的真正理解，无助于提高独立思考的能力"。所以，要达成对数学的理解就要超越纯粹的计算和概念记忆。该水平超越了前两个仅依赖记忆就能达到的认知水平，这一层次的问题要求学生能较好地理解分数的基本性质的内涵，能灵活运用性质进行多角度的思考并解决实际问题，沟通除法的商不变性质和分数的基本性质之间的关系（见图 4-23）。

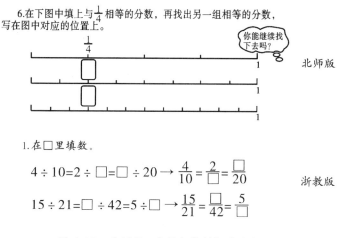

图 4-23　北师版、浙教版教材相关习题

水平 4：分析——探究性理解水平。如图 4-24 所示，该水平涉及的认知活动是探究性质的，或者说要解决的问题相对于前一个水平来说是没有接触过的或没有现成解决方案的非常规问题，需要在一个系列中发现经验，需要进行某种程度的数学创造与再创造，其基本含义是能分析问题，并把分析过程综合起来、通盘考虑，以创造性地解决问题，可以对问题的解决过程或方案做出价值判断，可以与"做数学"建立对等关系。[①]

①周超. 八年级学生数学认知水平的检测与相关分析［D］. 上海：华东师范大学，2009:70.

13*.一个分数的分母不变，分子乘3，这个分数的大小有什么变化？

如果分子不变，分母除以5呢？

人教版

你能找出大于$\frac{5}{7}$又小于$\frac{6}{7}$的分数吗？这样的分数你能找出多少个？

思考题　　　　　西师版

12.$\frac{1}{a} = \frac{3}{b}$（a、b都是非0自然数），当a=2，3，4，…时，

b分别是几？a与b之间有什么关系？为什么？

青岛版

图4-24　人教版、西师版、青岛版教材相关习题

以上水平1、水平2为记忆水平，处于较低认知水平；水平3、水平4为理解水平，处于较高认知水平。

（二）用数学认知水平框架比较题目

根据以上对四个认知水平框架的具体化，对现有的六套教材中的习题进行统计，结果如表4-17所示。

表4-17　各版本教材"分数的基本性质"练习题认知水平比较

版 本	水平1/道(%)	水平2/道(%)	水平3/道(%)	水平4/道(%)	合计/道
人教版	2（15.3）	5（38.5）	5（38.5）	1（7.6）	13
北师版	1（12.5）	5（62.5）	2（25.0）	0	8
苏教版	2（25.0）	3（37.5）	3（37.5）	0	8
浙教版	1（20.0）	3（60.0）	1（20.0）	0	5
西师版	3（42.9）	1（14.3）	2（28.6）	1（14.3）	7
青岛版	1（9.1）	3（27.3）	6（54.5）	1（9.1）	11

思考

水平4的习题很少，如果把水平4的题目让你的学生来完成，你觉得困难在哪里？

从整体上看，对于"分数的基本性质"这一内容，涉及水平4的内容比较少，只有人教版、西师版和青岛版各有一题，分别是依据分数的基本性质推断出分数的其他性质、找出两个分数之间有几个分数及当等值分数的分子一定时，它们的分母之间有什么关系。有五套教材习题中记忆水平大约占了50%，青岛版略少一些，这也符合学生模仿巩固新学习的知识的需要。

对于水平3，我们做了进一步的分析，如表4-18所示。

表4-18 水平3各类问题情境练习题数量比较

单位：道

问题情境	人教版	北师版	苏教版	浙教版	西师版	青岛版
在生活情境中运用分数的基本性质解决实际问题	4	0	0	0	1	3
先判断哪些分数在直线上能用同一个点表示，再在直线上标出	1	1	1	0	1	1
在已知方格中涂出某个分数，再说一说涂色部分还可以表示几分之几（在方格中找出相等的分数）	0	1	1	0	0	1
沟通分数的基本性质和商不变性质的题目	0	0	1	1	0	0
根据分数的基本性质找规律填数	0	0	0	0	0	1

由表4-18可知，除浙教版外，其他五套教材都出现了"先判断哪些分数在直线上能用同一个点表示，再在直线上标出"这种类型的题目。判断哪些分数相等相对来说还是比较容易的，可是与比较抽象的直线结合起来找点，学生就容易出错，不能把二者结合起来。例如，有些学生知道了$\frac{6}{12}$和$\frac{3}{6}$相等，但是在直线中标出时，却又标了两个点。事实上，"数轴上的同一点"对于理解等值内涵是最直观的表征，我们认为此类题要强化。

"在方格中找出相等的分数"相对来说比较形象具体，这是考查学生对知识的领会程度。"在生活情境中运用分数的基本性质解决实际问题"这类题目基本上是运用分数的基本性质来比较不同分母的分数的大小，这是考查学生对于生活语言和数学语言沟通的能力。从纵向上看，青岛版的习题类型是最丰富的，唯一没有涉及"沟通分数的基本性质和商不变性质",在归纳出分数的基本性质之后的"想一想"中有让学生考虑这两者关系的问题。

四、对教学的启示

（一）重视创设数学情境，更要重视与生活情境的联系

数学是从生活中抽象而来的，也应该运用到生活中去，使之更实用。针对小学高年段学生学习的特点，要设计一些趣味性强或学生感兴趣的情境来迎合他们这一阶段的性格特点，使枯燥乏味的数学变得更有活力，让学生从情感上慢慢喜欢上数学。例如，西师版中利用了《西游记》中的师徒四人的情境，来找另一个已知分子的等值分数，学生很乐意帮助孙悟空实现猪八戒想要多吃几块西瓜的愿望。

（二）重视记忆水平的训练，不可忽视理解水平的培养

从对习题认知水平的分析中可以发现，涉及记忆水平的习题一般也被喻为"复制粘贴"型习题。当学生过多练习这类"复制粘贴"型习题时，会产生惰性思想，并且失去独立的思考空间与自我创新意识，不利于学生抽象思维的发展和逻辑思维的形成。因此，我们需要适当减少数学教科书中这类"复制粘贴"型习题，并且多提供一些结构复杂的习题。[①]涉及水平 4 分析——探究性理解水平的题目很少，人教版中是根据分数的基本性质推理出分数的其他性质，西师版中是要求学生找出 $\frac{5}{7}$ 和 $\frac{6}{7}$ 之间有几个分数，青岛版中是 $\frac{1}{a}=\frac{3}{b}$，探讨 a 和 b 之间有什么关系，此水平的习题要给学生一个经历过程，必要时也可以借助操作给予形象化。

（三）重视抽象推理能力的培养，更要重视直观表象的支撑

"分数的基本性质"这个内容比较抽象，应该让学生有丰富的直观表象来支撑。在习题中，尤其是对于抽象能力弱一点的学生来说，如果没有直观表象的支撑，他们根本无从下手。从面积模型到数线模型再到直线模型，然后用来解决问题，这时候学生的表达会更丰富，学习的积极性会更高，对分数后续内容的学习也会更有信心。

---

①刘梦泸.人教版小学数学高年级教科书习题研究——基于马扎诺教育目标新分类学理论[D].漳州：闽南师范大学，2015:34.

第五章　学情研究的路径与实证

　　教学从研究学生开始。只有知道学生在哪里，我们才能知道自己该怎么设计教学，才能真正做到以学定教。不过，虽然我们都知道研究学生的重要性，但事实上如何去研究，研究什么，怎么评价学生已有的知识能力水平，很多时候我们心里并不是很清晰。我们认为研究学生应该是课前、课中和课后全面跟进的过程。

　　教学前，需要研究学生。在"分数的基本性质"的教学中，学生已经有了哪些知识、能力基础，学生对分数不同层级的理解到了怎样的程度，学生会采用什么方式去学习知识，这些问题需要我们了解，以帮助我们确定教学中用什么学习素材来推进，创设什么情境激活学生的思维。分数基本性质的学习离不开具象的图式支撑，因此，学生的图式水平需要我们去测评，去做归因分析。

　　教学中，需要研究学生。学生在学习分数基本性质时，生成的学习问题有价值吗？这些生成资料永远是教学中最有价值的素材，在跟进访谈中，在组织学生辩论中，研究学生，了解学生，让学生的思维从模糊走向清晰，从表面走向深层。

　　教学后，需要研究学生。学生学习了"分数的基本性质"之后，产生了哪些问题？借助学生作业中的错题进行分析，会帮助我们更好地了解学生的思维障碍，做出有效的干预。前后测相比有哪些变化？通过比较分析，我们对学生的思维路径有了更清楚的认知，可以让教学更适应学生。

　　学生，永远是教学研究的重中之重。本章将以"图式化水平分析"为核心，主要从学生前测和错题研究两个层面展开，在前测的分析中会适当补充教学的后测，以便更好地说明研究问题。同时，我们也提供了一些研究学生的基本思路与方法，希望对大家有所启示。

第一节　学情研究的整体思路

　　任何前测的展开，都要在目标的指引下进行，才能有的放矢。前测目标就像茫茫海洋中的灯塔，指引我们向着目标前进，而不致在浩瀚的数据海洋中迷失，在获取有效数据的基础上读懂学生，为后续教学提供有价值的决策。

　　本前测方案从三个基本维度确定监测核心问题，以核心问题为主要测试目标，分别从学习素材、学习方式、知识结构化三个方面展开前测练习的设计，最后从三个维度来分析前测结果。整体构架如表 5-1 所示。

表 5-1　前测研究整体构架

核心问题	基本知识维度	前测练习框架	学习素材如何选择	研究例子	前测研究分析的几个维度	基于分数不同层级理解的学生前测分析研究
				情境创设		
				直观模型		
	基本能力维度		学习方式如何选择	说明方式		基于图式化水平的学生前测研究分析
				验证方法		
	知识衔接维度		知识如何结构化	归纳概括		基于举例概括、求联沟通能力的分析研究
				新旧关联		
				知识运用		

一、学生研究的核心问题

　　你觉得学生对分数的基本性质有了哪些基础认知？从哪些维度来考查学生已有的认知经验？为了让测试的目标明确，我们在学习浙江省新思维教育科学研究院邢佳立老师关于前测研究报告的基础上，分别从知识、能力、衔接三个维度，设计了 16 个小问题。

（一）基本知识维度

（1）有多少学生能正确判断异分母分数的大小？

（2）学生知道什么叫两个分数相等吗？

（3）学生通过什么方式说明两个分数的大小呢？

（4）学生对两个分数相等和两个分数不相等的认知差距有多大？

（5）分数意义的理解对分数基本性质的理解产生多大的影响？

（二）基本能力维度

（1）学生能用自己的语言概括性质吗？

（2）概括性质的完整性和例子的个数有关吗？

（3）需要举几个例子，能让大部分学生主动概括性质？

（4）一个性质的得出，需要让学生经历举例验证的过程吗？

（5）学生"举例验证"的能力水平如何？存在多大的差异？

（6）运用能力的考查从哪几个方面展开？

（三）知识衔接维度

（1）学生能主动发现分数基本性质和商不变性质之间的联系吗？

（2）哪些因素会影响学生发现两者之间的联系？

（3）经历探究基本性质的过程，学生能主动发现分数基本性质的作用是什么吗？

（4）通过回忆小数基本性质，学生能主动找到小数、分数基本性质之间的相通点吗？

（5）如何引导学生发现分数、除法、小数性质之间的关系？

二、前测研究框架与习题设计

如何根据目标定位有针对性地设计前测试卷呢？上述这 16 个小问题给出了测试方向。在具体的操作中，我们围绕着三个维度展开，力求基于不同的学习素材研究学生认识差异的影响，梳理不同学习方式扣问能力发展内核，关注新旧知识的不同衔接维度以沟通知识内在发展逻辑。

（一）学习素材的选择

学生对基础知识的理解程度，会受到哪些因素的影响呢？不同学习素材、学习情境对分数基本性质的理解影响有多大？选用哪些学习素材更为有效呢？

> **思考**
>
> 　　分数基本性质教学中，什么素材（研究例子、学习情境）适合学生的学习呢？我们可以从哪些方面设计习题以判断该素材对学生的适应性呢？

在前测试题中，设置了三个不同的素材测试题型，并指向不同的目标思考，希望从中得出一些结论。

其一，研究例子：$\frac{1}{2}$、真分数、假分数三种例子认知差异有多大？主要差异体现在哪些方面？

前测练习 1：你能判断 $\frac{2}{3}$ 与 $\frac{8}{12}$、$\frac{1}{2}$ 与 $\frac{8}{16}$、$\frac{15}{9}$ 与 $\frac{5}{3}$ 的大小关系吗？你能通过画一画、写一写等方式说明为什么吗？这些分数有什么规律？

其二，情境创设：生活情境和数学情境对于学生的理解有哪些影响？

前测练习 2：猪八戒分西瓜。

孙悟空说："师弟你最能吃，我把这个西瓜平均分成 4 块，给你 3 块吧？"

猪八戒很不开心地说："才 3 块，太少了太少了。"

孙悟空笑嘻嘻地说："那平均分成 8 块，给你 6 块，这回你满意了吧。"

猪八戒连声说好，拿到西瓜后，又觉得哪儿不对。

你能用图将题目的意思表示出来吗？你觉得猪八戒得到的西瓜多了吗？

其三，直观模型：不同的图形对学生看图写分数、判断大小的认知差异有多大？

前测练习 3：

（1）看图写分数，试着判断分数的大小。

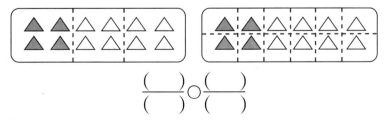

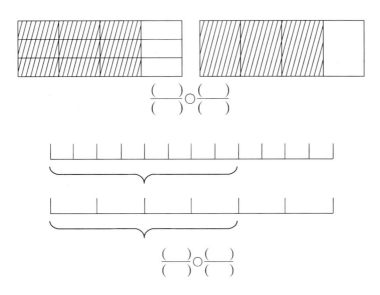

（2）根据分数涂一涂，比大小。

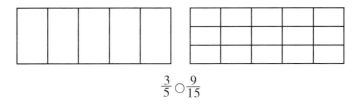

$$\frac{3}{5} \bigcirc \frac{9}{15}$$

（3）看图写分数，你能写出哪些大小相等的不同分数？说说它们为什么相等？

（二）学习方式的选择

学生会有哪些方式说明两个分数相等呢？学习分数的基本性质的主要方式是什么？学生的水平层次有什么差别？

> **思考**
>
> 　　在"分数的基本性质"教学中，学生会用怎样的方式理解知识呢？可以从哪些方面来判断学生已有的学习水平呢？

围绕这些问题，我们主要从两个方面展开测试分析。

其一，说明方式："读图""画图"对学生判断两个分数的大小关系存在哪些差异？

其二，验证方法："举例说明性质"的能力差异有多大？

这个层面的分析，借助上文中的前测练习 3 和下文中的前测练习 4 来完成。

（三）知识如何结构化

翻看对比教材，你觉得教材编排有什么共同特点呢？是不是各版本教材基本都是在观察 2 ~ 3 组相等分数的基础上引导学生总结得出分数的基本性质？经历这样的过程，学生真的理解分数的基本性质了吗？如果脱离了老师语言的强烈暗示，脱离了翻书阅读的机械帮助，学生是否真的能用完整的语言表达发现的规律？这种概括表征的能力和例子的个数有关吗？学生顺利背出"分子分母同时乘或除以一个相同数（0 除外），分数大小不变"这句话，就代表学生理解了分数基本性质的内涵吗？学生能主动和商不变性质联系起来吗？两者的联系受哪些因素的影响呢？也就是说，学生主动将知识结构化的能力有多强呢？我们主要从以下两个方面展开前测。

其一，归纳概括：需要举几个例子，学生才能用准确的语言归纳概括分数的基本性质？

前测练习 4：你能判断下面分数的大小吗？想一想，画一画。

猜　　想	想办法说明两个分数是否相等
$\frac{3}{5} = \bigcirc \frac{3\times 2}{5\times (\ )} \bigcirc \frac{6}{10}$	
$\frac{15}{9} \bigcirc \frac{15\div (\ )}{9\div 3} \bigcirc \frac{(\ )}{3}$	
$\frac{1}{2} \bigcirc \frac{(\ )}{(\ )}$	

接下来，你面临着两个选择：

猜　想	想办法说明两个分数是否相等
（1）你能发现分子和分母有什么变化规律吗？如果能，请写一写。	（2）如果不能，请接着观察下面的分数，试着证明它们为什么相等？直到你发现了什么规律，并把它写下来。 $\frac{2}{3}○\frac{8}{12}$　$\frac{6}{15}○\frac{2}{5}$

其二，新旧关联：为什么分数的基本性质和商不变性质学生较难联系？

前测练习 5：下列除法算式的被除数、除数和商有什么变化规律？

3÷4= 6÷8=	1÷2= 8÷16=	6÷10= 3÷5=

我的发现：被除数 ＿＿＿＿＿＿＿，除数 ＿＿＿＿＿＿＿，商 ＿＿＿＿＿＿＿。

（1）根据分数和除法的关系，把上面的除法算式写成分数的形式，并在○里填上＞、＜或＝。

3÷4○6÷8 $\frac{()}{()}$○$\frac{()}{()}$	1÷2○8÷16 $\frac{()}{()}$○$\frac{()}{()}$	6÷10○3÷5 $\frac{()}{()}$○$\frac{()}{()}$

（2）这些分数大小相等吗？请试着在对应的方格里写一写，画一画，说明为什么。

（3）想一想，除法和分数之间有什么共同的规律？说一说，写一写。

其三，知识运用：异分母分数为什么要化成分母相同的分数才能运算？

分数的基本性质是从一个分数单位换算为另一个分数单位的基础，是分数通分与约分的根据，也是一些算式等值变形的重要途径之一，是分数集合被分成等值分数类别的分类标准，在每一个类别中都有且只有一个最简分数，使得分数运算的结果具有唯一性。很多教学，学生往往只停留在性质的机械背诵和套用上，并没有真正理解其内涵和后续的作用。

> **思考**
>
> 对于等值分数面积单位和数量的补偿关系，学生有多少认知呢？他们能联系小数的基本性质类比分数基本性质的作用吗？

前测练习 6：

1. 先根据分数涂一涂，再判断大小。$\frac{2}{3} \bigcirc \frac{4}{6}$

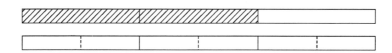

说一说：$\frac{2}{3}$ 里有（ ）个 $\frac{1}{3}$，$\frac{4}{6}$ 里有（ ）个 $\frac{1}{6}$，1 个 $\frac{1}{3}$ 相当于（ ）个 $\frac{1}{6}$。

2. 先根据分数涂一涂，再判断大小。$\frac{9}{12} \bigcirc \frac{3}{4}$

说一说：$\frac{9}{12}$ 里有（ ）个 $\frac{1}{12}$，$\frac{3}{4}$ 里有（ ）个 $\frac{1}{4}$，（ ）个 $\frac{1}{12}$ 相当于 1 个 $\frac{1}{4}$。

想一想，说一说，你发现了什么？

3. $\frac{2}{7}+\frac{3}{7}$ 表示（ ）个 $\frac{1}{7}$ 加（ ）个 $\frac{1}{7}$ 等于（ ）个 $\frac{1}{7}$，也就是 $\frac{(\ )}{7}$。

4. 你能结合图说一说异分母分数加减法的计算方法吗？

（1）$\frac{3}{8}+\frac{1}{4}=$ ？（2）$\frac{1}{4}-\frac{1}{8}=$ ？

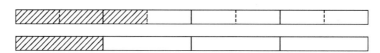

（2）如上图，$\frac{3}{8}$里有（　）个$\frac{1}{8}$，$\frac{1}{4}$里有（　）个$\frac{1}{8}$，合起来有（　）个$\frac{1}{8}$，

所以：$\frac{3}{8}+\frac{1}{4}=\frac{3}{8}+\frac{(\quad)}{8}=\frac{(\quad)}{8}$

（3）如上图，$\frac{1}{4}$里有（　）个$\frac{1}{8}$，减去（　）个$\frac{1}{8}$，还剩下（　）个$\frac{1}{8}$，

所以：$\frac{1}{4}-\frac{1}{8}=\frac{(\quad)}{8}-\frac{1}{8}=\frac{(\quad)}{8}$

说一说，怎样计算异分母分数的加减法？

第二节　基于框架展开实证与分析

上述六个前测方案，年级跨度从四年级到五年级，时间跨度从2015年到2017年，经多次修改，最终成稿。前测在有一定代表性的6所学校（其中城区3所，乡镇3所）开展，分布在丽水市莲都区5所小学、杭州市富阳区1所城区小学。参测学生达1000人以上，主要采取问卷调查和个别访谈两种形式。从这些测试卷中，我们获得了广泛而珍贵的一手资料，下面将从两个大维度来分析测试结果。

一、基于分数不同层级理解的学生前测数据分析

张奠宙教授建议将分数的基本性质改成相等性质，其数学价值在于揭示了"多元表示"和"等价类"的数学思想方法。[①]在研读台湾省教材时，我们发现

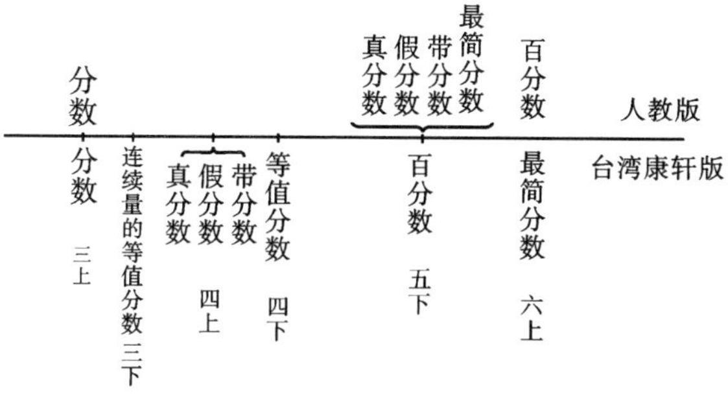

图5-1　台湾省教材各分数概念的呈现位置

①张奠宙.分数相等性质的数学内涵：兼及角的定义［J］.小学教学（数学版），2014（6）:4-5.

他们在认识分数基本性质时，分成了逐步推进的三个阶段，如图 5-1 所示。

第一次在分数的初步认识之后，从部分与整体层级意义上，借助面积图等理解等值分数，第二次在分数再认识之后，拓宽等值内涵理解等值性，第三次研究分子分母扩充、合并的规律。相对于大陆教材将三个阶段编排在一课时完成，显然，台湾省教材在对等值认识上更加全面深入。如前所述，国内外大量研究表明，学生对于等值分数概念的理解是机械性的，学习具有很大的困难。学习中他们究竟会面临怎样的学习困难呢？我们需要了解学生等值意义的理解处于什么水平，后续的学习应该重点突破哪一层级的理解，以实现等值分数多重语义的转换呢？

（一）分数基本性质有特定的等值含义

韩玉蕾等人根据分数的不同层级意义来阐述等值含义，[①]如表 5-2 所示。

表5-2　分数不同层级的意义

分数子意义	部分—整体	比	商	测 量	运 算
特定的等值含义	选取相同基准量的情境下，虽然分的份数不同，但两个分数所代表的量是相等的，常采用面积和集合来表示，其中分数单位的大小和多少之间具有补偿关系	两个量之间具有恒定的比关系	两个除法运算的结果相等	选取不同的分数单位，但测得的值相等，常采用数字线来表示	表示两个量之间具有确定的转换关系

> **思考**
>
> 　　在学习分数基本性质前，你认为学生对于分数的不同意义的理解处于怎样的层次水平呢？分析学生对分数不同意义的理解水平，对于设计教学有何意义？

（二）学生对等值含义理解的层级水平

学生对这五个层次意义的理解水平如何呢？

---

①韩玉蕾,辛自强,胡清芬.等值分数概念的理解［J］.心理发展与教育,2012（2）:210-217.

1. 大多数学生的理解处于部分—整体层级

通过说明$\frac{2}{3}$与$\frac{8}{12}$的大小关系一题展开测试统计（见前测练习1），有91.1%的学生判断两个分数相等；能正确作图说明的有39.5%，其中大部分是基于面积模型理解部分与整体的意义，也有小部分利用数线理解测量层次的意义。用分数的意义说明主要有两类，一类用语言形容部分与整体的关系，如把12个苹果平均分成3份，其中的2份是8个，把12个苹果平均分成12份，其中的8份有8个，另一类是用算式12÷3×2 = 8（个），12÷12×8 = 8（个）。此外，还有近6.5%的学生与商的意义联系起来。由此可见，借助面积模型理解部分与整体关系的占比最大。

由此，再进一步深入思考，面积、线段、集合图式的占比有多大？数学情境和生活情境对等值意义的理解有哪些影响呢？从前测练习2的统计数据来看，采用面积图的占绝大多数，后三项占比非常低，我们认为这与受生活情境的限制不无关系。但正是有了生活情境的依托，学生能正确作图说明相等的占比才明显高于纯数学情境（见表5-3）。

表5-3 前测中各种图式的占比分析

图例	面积图 （圆形、长方形或正方形）	线段图	集合图	商	空白 或错误
人数/人	92	4	3	0	6
百分比(%)	94.3				5.7

由此可见，面积守恒是学生最广泛的认知经验基础，如何通过面积模型体会分数单位的大小和多少之间具有补偿关系呢？如何基于面积模型提升分数基本性质各语义层次内涵的理解呢？这是教学设计所需要考虑的主要问题之一。

2. 学生能否利用面积模型体会分数的单位大小和多少之间的补偿关系

根据前测数据统计发现，大多数学生能从面积大小直观判定两个分数的大小关系。但是对于分数单位的变化情况，他们是否能发现呢？理解程度究竟如何呢？在前测中，有一个学生在说明$\frac{6}{10}$和$\frac{3}{5}$的大小关系时，采用了分数墙（见图5-2）。我们对他作了跟进访谈。

课前调查方案 1

1、判断下面两个分数的大小，并写一写，画一画证明过程。

$\frac{3}{5}$○$\frac{6}{10}$　　　$\frac{1}{2}$○$\frac{8}{16}$　　　$\frac{15}{9}$○$\frac{5}{3}$

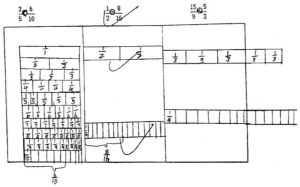

图 5-2　学生所画的分数墙

师：你怎么想到这幅图的？

生：我看到书本上有。

师：你想用这幅图说明什么问题？

生：$\frac{6}{10}$就是 6 个 $\frac{1}{10}$，2 个 $\frac{1}{10}$相当于 1 个 $\frac{5}{3}$，从图上看，我发现$\frac{6}{10}$比$\frac{3}{5}$要大。

师：那第二幅图呢？

生：$\frac{1}{2} = \frac{8}{16}$，他们都表示一半，所以相等。

师：第三幅呢？

生：$\frac{5}{3}$表示 5 个 $\frac{1}{3}$，$\frac{15}{9}$表示 15 个 $\frac{1}{9}$。

师：那为什么填小于号呢？

生：哦，我填反了。（显然，在判断大小时还是有明显的整数倾向，不能将数与形结合）

师：你想一想，$\frac{1}{3}$和$\frac{1}{9}$分别表示什么意思？

生：$\frac{1}{3}$是把单位 1 平均分成 3 份，$\frac{1}{9}$是把单位 1 平均分成 9 份。

师：你能把你说的这个意思单独再画一遍吗？

生：可以。

画好后，教师继续访谈。

师：你发现$\frac{1}{3}$和$\frac{1}{9}$有什么关系？

生：1 个 $\frac{1}{3}$ 里有 3 个 $\frac{1}{9}$。

师：那你刚才说 $\frac{5}{3}$ 表示 5 个 $\frac{1}{3}$，$\frac{15}{9}$ 表示 15 个 $\frac{1}{9}$。你能把这个意思在刚才的图上接着画出来吗？你发现了什么？

生：原来他们是相等的。

师：你怎么想的？

生：1 个 $\frac{1}{3}$ 里有 3 个 $\frac{1}{9}$。5 个 $\frac{1}{3}$，就是 15 个 $\frac{1}{9}$，它们的大小是一样的。

师：非常棒的发现，刚才错的原因是什么呢？

生：额……画错了，单位要统一。

师：你能用同样的方法再画一画 $\frac{6}{10}$ 和 $\frac{3}{5}$ 的关系吗？（见图 5-3）

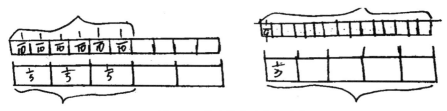

图 5-3　访谈学生的表征图式

从访谈中我们发现，学生对于分数单位的大小和多少的补偿关系还是有所领悟，知道分数单位有大小，知道分数单位越大，每份就越少，但是对于它们之间存在的倍数关系理解模糊，即像 1 个 $\frac{1}{3}$ 里有 3 个 $\frac{1}{9}$ 这样的关系不清楚，对单位 1 的守恒把握也不确定。也就是说，学生的作图水平要达到抽象与关联的高水平阶段，能进行知识与知识之间的关系的网络图形化表征，需要进一步在课堂教学中加以重视。

"分数单位"作为分数的计数单位，它是所有后续知识、技能的基础。事实上，在数学发展史上，发现新的计数单位始终是数的发展的一条主线。因此，"分数单位"是一个相当基本和重要的概念，绝不可以忽视。人们认识分数，都是从认识分数单位开始的。正是因为分数单位发生了变化，为了让异分母分数能够相加减，才需要运用分数基本性质统一分数单位，使运算能够继续下去。①学

---

①刘琳娜.在把握基本思想中设计学习活动——对"分数基本性质"一课的思考[J].江西教育，2013（6）:12-15.

生对于分数单位的理解程度如何？他们存在的困难是什么呢？我们跟进设计了前测练习6，并抽取了11个学生作为前测对象，结果如表5-4～表5-6所示。

表5-4　第1~2题前测情况统计

项　　目	判断大小	作图正确	分数单位分析正确
正确人数 / 人	7	9	9
百分比（%）	63.6	81.8	81.8

表5-5　第3~4题前测情况统计

习题	$\frac{2}{7}+\frac{3}{7}$	$\frac{3}{8}+\frac{1}{4}$	$\frac{1}{4}-\frac{1}{8}$
正确人数 / 人	11	6	7
百分比（%）	100	54.5	63.6

从抽取的11个学生样本来看，主要问题是不能将分数与面积图对应分析判断大小，存在整数倾向，认为$\frac{4}{6}>\frac{2}{3}$，$\frac{9}{12}>\frac{3}{4}$，即分子分母的整数大，分数就大。在分数单位的个数上，也不能从图上直观发现分数单位个数之间的关系。"通过第1～2题说一说发现"，有2个学生写到分子分母同时除以3，分数大小不变，1个学生写到分数比大小要看图，但他对分数大小的判断却是错的。1个学生写3个$\frac{1}{12}$相当于1个$\frac{1}{4}$，也就是说，大多数学生能看图写分数，根据图式分析分数单位的变化，但并不是所有的学生都能通过图式进一步分析大小关系，距离学生能用自己的语言来总结概括等值分数分子、分母及分数单位个数变化规律的目标相差甚远。

无论是从计算正确率上来看，还是从分数单位的变化分析上来看，学生对同分母分数运算的掌握情况都较好。在异分母分数的运算上，通过图式结合对分数单位个数变化的分析，有半数以上的学生能顺利计算异分母分数加减法。也就是说，我们要让学生理解分数基本性质的本质是改变分数单位，使异分母大小比较、加减运算成为可能，这也是我们在教学中应该重视的，在出现错误的学生中，大多数能分析八分之几和四分之几分数单位的转换，但是在分析"合起来"还剩下几个分数单位时，不能联系起来，或是能填出一共有几个$\frac{1}{8}$，却不能转化成算式。可见，学生还是不能整体思考分数单位之间的转换，在总结说一说怎样计算异分母分数加减法时，有5个学生说出需要转化成分母相同或同个单位的分数，占比45.5%。

3. 随着学习的深入能拓宽学生不同层级意义的理解

此前介绍了对学生在学习分数基本性质前的学习水平的测试与分析。学生学习了这部分知识后，发生了哪些变化呢？我们也做了相关的对比后测。

在五年级学期结束时，再次对学生进行了分数基本性质的测试，此时学生已经学习了分数的乘除法，在具体的解决问题的情境中，对分数有了更深入、全面的理解。下面是师生对话，测试结果统计如表5-6所示。

师：你能说一说$\frac{3}{4}$为什么等于$\frac{9}{12}$吗？

生：因为分数基本性质啊，因为分子、分母同时乘3，分数的大小不变。

师：分数基本性质学得很好，我想问的是，为什么分子、分母同时乘3，大小不变？什么叫两个分数的大小不变，你能想到哪些方法来说明呢？请把你的想法画一画，写一写，方法越多越好。明白了吗？

表5-6　五年级学生说明两个分数相等方法分类统计（后测）

分数概念子意义	部分—整体	比	商	测量	算子
特定的等值含义	长方形、圆形、三角形等	分率不变		线段图	$\frac{3}{6} \times 1 = \frac{3}{6} \times \frac{1}{1} = \frac{3}{6}$
人数（47人）与占比	25（53.2%）	1（2.1%）	6（12.8%）	7（14.9%）	3（6.4%）

随着学习的深入，学生对分数意义的理解更全面，他们对等值理解得也更深入，主要表现在以下两点：一是他们能多语义理解分数基本性质；二是对比例的守恒理解更深入。例如，在辨析下面这幅图（见图5-4）能否说明$\frac{3}{4} = \frac{9}{12}$时，班里产生了两种意见，一种认为能（正方），一种认为不能（反方）。辩论如下：

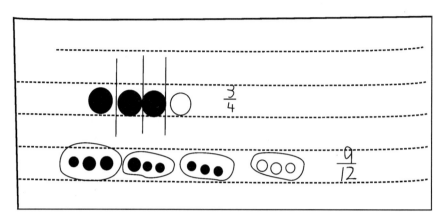

图 5-4　课堂辩论素材

反：我认为不能，它们的单位"1"不一样，具体量不一样多，所以不能。除非你规定了 3 个小球等于 1 个大球。

正：我认为能。3 个黑球是 4 个球的 $\frac{3}{4}$，9 个黑球也是占了 12 个的 $\frac{3}{4}$。

反：但是它们的具体量是不一样的。你怎么解释呢？

正：分数除了表示具体量，还可以表示对应分率啊，如果把 12 个球平均分成 4 份，每份 3 个，同样涂色部分是 4 份中的 3 份，仍然可以用 $\frac{3}{4}$ 表示。

在前测中，约有 20% 的学生用这种单位不统一的图式来说明两个分数相等（见图 5-5），但在进一步访谈中，学生并不能说清楚道理，或是一问就觉得自

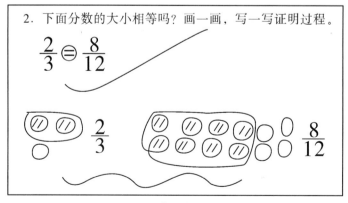

图 5-5　学生前测错题

已错了，需要统一单位，可见理解层次上存在差异。

韩玉蕾等人指出，理解等值分数的另一个必要条件是获得守恒的概念，守恒分为两类，量的守恒和关系的守恒，前者包括整体守恒、面积守恒等，是指变化前后，物体的量保持不变。后者指在变化前后，事物间的比例保持不变，如上面的讨论，学生就能比较清楚地明白黑球和总球数虽然具体的量不一样了，但是分率却是一样的，学生不光在量的守恒上理解等值，已经能进一步理解比例守恒的概念了。

Ni（2001）以五、六年级的小学生为被试对象，考查语义如何制约等值分数概念的理解，测验材料是表示部分—整体意义的面积和集合图形以及表示测量意义的数字线图形。结果表明，被试对象在面积项目上表现最好，在集合项目上表现较差，在数字线项目上表现最差。五年级学生在这两个语义领域的表现都较差；六年级学生在部分—整体意义项目上的表现比五年级显著要好，但在测量意义的项目上没有提高。Ni认为学生在测验中的表现模式反映了儿童从一个语义领域到另一个语义领域相继建立等值分数概念，从运算与实物具有明显联系的语义领域发展到联系不明显的语义领域。随着儿童接触到越来越不同的内容和表征方式，他们的等值概念脱离特殊化，变得越来越抽象。这些研究结果，和我们的前后测数据分析结果是一致的。

4. 能结合乘法运算来说明为什么两个分数相等的学生数明显提升

描述同一个量的两个不同的分数，称为等价分数。我们提供一种方法构造等价分数，给一个数乘以一个等于 1 的分数，将得到这个数的另一种不同的写法：$\frac{1}{2} \times 1 = \frac{1}{2} \times \frac{2}{2} = \frac{2}{4}$，$\frac{1}{2} \times 1 = \frac{1}{2} \times \frac{3}{3} = \frac{3}{6}$，所以分数 $\frac{1}{2}$、$\frac{2}{4}$、$\frac{3}{6}$ 是等价分数。在后测中学生就采取了这种方法来验证（见表 5-6），可见随着对分数认识的不断深入，学生对于等值性质的理解也会更深入。

二、基于图式化水平的学生前测数据分析

分数的基本性质教学在整个分数教学中占着举足轻重的地位。对比大陆现行的六套教材，我们可以发现这些教材在呈现这部分内容时都非常注重直观图的运用。由此，我们不禁要问，新教材为什么都摒弃了从商不变性质引入的方式，而更强调基于直观图式的理解呢？

> **思 考**
>
> 　　图式思维对理解分数的基本性质到底有什么帮助呢？学生分数基本性质的图式水平差异在哪？哪些因素影响图式思维水平？如何通过分数基本性质的学习培养图式思维呢？

　　本节将围绕上述问题展开研究，主要从读图、画图、表征、互译的维度展开相关的实证研究。

（一）图式思维水平差异呈现

1.学生是否具备了基本的读图能力

　　读图是图式思维的第一步，是学生获取数学知识的重要方法与技能，通过读图活动让学生感知理解等值分数，建立直观表象。

　　下面结合"前测卷3"的测试情况作具体分析，如表5-7 ~ 表5-9所示。

表5-7　某城区学校四年级两个班"看图写分数，判断大小"测试结果

读图等级	完全具备(12分)	具备(8~11分)	基本具备(4~7分)	不具备(0~3分)
占比(%)	36.8	42.5	17.9	2.8

　　本测试题共12空，每空1分（具体题目见表5-8），具备读图能力的学生达到79.3%，也就是说，大部分学生已经具备了等值分数的读图能力，为性质的表达、概括与解决实际问题打下良好的基础。

表5-8　不同图式水平学生认知差异统计

学生类型	图式水平	题　　目	正确率(%)
四年级 （城区学校）	读图水平	看图写分数，试着判断分数的大小。 　　（　）　　　〇　　（　）　　（　） 　　（　）　　　　　　（　）　　（　）	72.6

续表

学生类型	图式水平	题　目	正确率(%)
五年级 （乡镇学校）	读画结合	想一想，涂一涂，试着判断分数的大小。 $\dfrac{3}{5} \bigcirc \dfrac{3 \times 2}{5 \times (\ \ )} \bigcirc \dfrac{6}{10}$	68.18
		$\dfrac{15}{9} \bigcirc \dfrac{15 \div (\ \ )}{9 \div 3} \bigcirc \dfrac{5}{3}$	39.77
五年级 （乡镇学校）	画图表征	判断下面两个分数的大小，并画一画或写一写说明为什么相等 $\dfrac{3}{5} \bigcirc \dfrac{6}{10}$	52.73
		$\dfrac{1}{2} \bigcirc \dfrac{8}{16}$	61.82
		$\dfrac{15}{9} \bigcirc \dfrac{5}{3}$	19.10

2. 从读图到画图存在是否认知跨度

"读图"到"画图"的跨越，预示着学生的思维从感知走向理解，引发学生对知识进行深层次的思考，使外在的指尖操作转化为内在的逻辑思维。

图式水平从读图到读画结合，最后到画图表征，正确率呈下降趋势，可见会读图并不代表会画图。在图式过程中，学生还不能够熟练、有序地完成性质的直观可视化理解。

3. 学生能否用图式表征说明分数相等

表征是指信息或知识在心理活动中的表现和记载的方式。四、五年级的学生图式表征能力究竟如何？

表5-9　图式表征正确率统计

学校类型	城区学校（五年级）	城区学校（四年级）	乡镇学校（五年级）
测试题目	$\dfrac{2}{3} \bigcirc \dfrac{8}{12}$	举例说明什么叫两个分数相等	$\dfrac{3}{5} \bigcirc \dfrac{6}{10}$
学生数/人	224	112	131
正确表征占比(%)	46.5	42.6	52.7

表 5-9 的数据以真分数为例，统计结果表明"能正确说明两个分数为什么相等"的学生比率在 50% 左右。

学生能用图式表征等值分数的意义吗？在前测中，我们发现自主选用图形说明的占比高达 59.5%，其中能正确作图的学生占 39.5%。可见直观图式是学生最主要的表征形式。利用图式表征有利于学生对性质进行直观化理解，让表达方式更深刻、多元。

大量的数据显示，学生已经具有一定的图式思维意识与能力，但我们也可以看到他们的图式思维水平存在着明显的差异，那么形成差异的原因是什么呢？

(二)"图式思维"成因分析

众所周知，学生存在差异的原因是多种多样的，如生活经验、知识储备、思维能力等，除了学生自身的认知水平对图式思维能力有影响外，学习材料是否也有影响？其影响有多大？什么样的学习材料更有利于学生理解分数的基本性质呢？

1. 哪种图式更有利于学生理解等值分数

不同的图式会对学生的学习产生不同的影响，哪种图式更利于学生理解等值分数。下面结合前测结果作具体分析，如表 5-10 所示。

表 5-10　不同图式影响下看图写分数正确率比较

题目		正确率（%）	写分数的正确率（%）	比大小的正确率（%）
面积模型		72.6	91.5	75.5
线段图式		57.5	69.8	73.6
实物图式		56.6	70.8	80.2

我们发现，对于看图写分数并判断大小这类题目，采用面积模型的正确率最高。如果再进行单项分析，我们发现针对"看图写分数"这个要求，采用面

积模型的正确率最高，而实物图式对于判断大小的帮助最大。指向线段图式的题目正确率最低。显然，模型的抽象度不同，其可视功能亦是有差异的。

2. 同是面积图，对图式思维的影响有差异

不同的图式会影响读图水平，那么同是面积图还会有差异吗？我们先来看教材对面积图的运用。例如，北师版教材（见图5-6），通过从合并图到扩充图，让学生来理解分数的扩充，再从扩充图到合并图，让学生来理解分数的约分，从合并到扩充，采用两幅或多幅对比图理解分子、分母的变化。

再看台湾省编版（见图5-7）教材，在同一个图上扩充份数来理解等值分数。那么，哪一种图式更利于学生理解呢？

🔘 请你再举一组这样的例子，并与同伴进行交流。

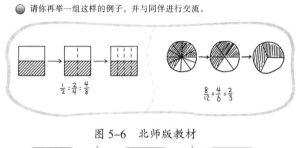

图 5-6　北师版教材

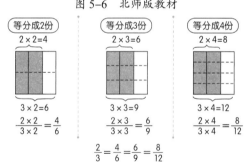

$$\frac{2}{3} = \frac{4}{6} = \frac{6}{9} = \frac{8}{12}$$

图 5-7　台湾省编版教材

表5-11　扩充图式对读图水平的影响统计

题　目	学　校	正确判断(%)	画图正确(%)
$\frac{3}{8} \bigcirc \frac{3}{16}$（填>、<或=）	城区学校	93.5	87.1
	乡镇学校	91.9	97.3
	合计	92.6	92.6

从表 5-11 中，我们可以看到，利用扩充图正确判断大小的占比为 92.6%，比利用合并、拆分对比图判断正确率要高一些（数据见表 5-8）。

为什么拆分图会更利于学生理解等值分数呢？如图 5-8 所示，学生想到 $\frac{1}{2}$ 是容易的，因为阴影面积带给学生直观的视觉冲击，是显性的，但是如图 5-9 所示，学生要想到 $\frac{8}{16}$ 却是不容易的，因为这是隐性的，需要经过重新拆分的思维。

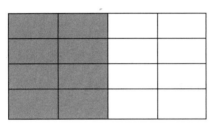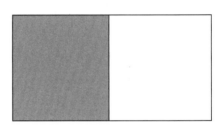

图 5-8 拆分图   图 5-9 扩充图

利用拆分图对异分母加减法的正确率的影响十分明显（见表 5-12）。

表 5-12 拆分图对异分母加减法影响的前测

拆分图	$\frac{2}{5}+\frac{1}{3}$	$\frac{3}{4}-\frac{1}{6}$
正确率(%)	35.5	32.4
合并图	$\frac{1}{3}+\frac{3}{4}$	$\frac{2}{3}-\frac{1}{2}$
正确率(%)	3.1	4.7

3. 不同的分数例子对图式水平的影响有多大

对比国内几套教材，除北师版外，都以 $\frac{1}{2}$ 为例题，这是为什么呢？也许你要说肯定是因为它简单。诚然，$\frac{1}{2}$ 是最简单、最贴近学生认知经验的例子，但我们还要追问，它究竟为什么简单？又简单在哪些方面呢？我们先一起来看看不同的分数例子对相等性判断的影响。

表5-13 与$\frac{1}{2}$相关分数图式思维差异对比

学　校	$\frac{2}{3} \bigcirc \frac{8}{12}$		$\frac{1}{2} \bigcirc \frac{8}{16}$		$\frac{3}{5} \bigcirc \frac{2}{3}$	
	判断大小	作图正确	判断大小	作图正确	判断大小	作图正确
城区学校	74.2	9.7	71.0	12.9	77.4	16.1
乡镇学校	94.6	70.3	100.0	62.2	62.2	43.2
均　值 （答对总人数/总人数）	85.3	42.6	86.8	39.7	69.1	30.9

由表5-13中发现，大多数学生能判断两个分数相等，其中绝大多数采用画长方形、圆形等形式来说明两个分数相等，在两个分数大小关系判断上，等值理解略好于非等值理解。

从表5-13还可以看出，与$\frac{1}{2}$相关的题正确率最高，这与学生的生活经验和知识经验相吻合。此外，在前测中我们发现，它的表征形式也更多元，学生出现的答案有"它们都表示物体的一半""结果都等于0.5"等，图形样式也更丰富。此外，假分数教材都没出现在第一课时，这是为什么呢？从前测看，假分数的正确率最低，说明理解更难，北京师范大学发展心理研究所的韩玉蕾指出理解假分数的等值难度处于最高的第四水平。

4. 不同的学习方式对学生表征能力有哪些影响

在测试过程中，我们发现有一个乡镇学校，无论是正确判断分数大小，还是作图表征水平，都明显高于城区学校（见表5-13），这是为什么呢？通过访谈课任教师后，我们发现原来这位老师平时非常注重学生作图能力的培养。可见作图表征因为教学方式不同，水平高低也有不同。

看来，无论是图式、例子，还是教学方式，都会对学生的表征能力产生影响，找到了影响水平的原因，我们就能找到合适的教学方式，以提高图式化思维水平。

三、基于举例概括、求联沟通能力的分析

举例验证是指列举确凿、充分、有代表性的事例证明论点，是学生能否深入浅出、生动形象地理解性质的表现。那么，学生举例验证的能力如何？教学前后的差距有多大呢？

（一）学生举例验证的能力

表5-14　增加"举例验证"的实验班与对比班画图水平差异百比率统计

试着说明 $\frac{2}{3} \bigcirc \frac{8}{12}$ 的大小关系	班级正确率				正确率均值（%）
	501班	502班	503班	504班	
相等	90.7	96.4	89.1	87.5	90.9
用图形说明	32.7	50.9	43.9	28.6	39.0
用分数的基本性质循环说明	32.7	22.6	22.0	59.5	34.2

　　前测显示：实验班能用图式正确表征等值分数的比例显然高于对比班。他们基本能通过绘画等操作活动，以去情境化的面积图、线段图为主，会用自创的符号系统表征等值分数（见图5-10）。但对比班更多是用"因为分子、分母同时扩大或缩小相同的倍数，所以分数大小不变"这样的方法循环说明，学生不知道"采用什么方式解释为什么陈述为真"，[①]只注重性质的机械运用，直观水平或表征意识不足，不会或不习惯画图表征，并不能表示他们已经真正理解了知识的本质。

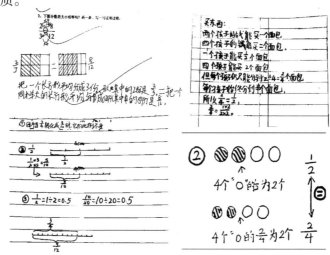

图5-10　学生说明两个分数为什么相等的典型图式

　　①［美］基思·德夫林著.数学思维导论——像数学家一样思考［M］.林恩，译.北京：人民邮电出版社，2016:80.

（二）归纳概括能力测试分析

思维的最显著特征是概括性。苏联心理学家鲁宾斯坦就把概括分为初级的"经验概括"和高级的"理论概括"。从大量的举例验证经验中概括出分数的基本性质为经验概括，而在此基础上，通过演绎解释，判断分数的基本性质与商不变性质之间的必然联系，达到现象间的规律性认识为理论概括。过分强调形象思维容易形成思维的单一性，在日常教学中应更多地设置"概括"环节，培养"概括"能力，强化文字、符号与图像的互化，提升图式语言与抽象逻辑语言之间的互译能力，将图式思维趋向深刻。

能主动探究、正确表征等值分数的学生，能用一句话概括分数的基本性质吗？概括规律的能力和例子的个数有关吗？需要举几个例子，才能让大部分学生概括规律呢？为了解决这个问题，我们分别设计了两个对比前测方案（见前测练习 4），统计结果如表 5-15 和表 5-16 所示。

表5-15　前测练习4中能否概括分数基本性质的统计

测试问题	正确比率(%)
三个例子后能正确概括分数基本性质	20.5
增加自主举例后能正确概括分数基本性质	23.9

表5-16　前测练习4中能否概括分数基本性质的统计

学校类型	能用一句话正确叙述分数基本性质比率(%)	只说出分子、分母变化规律比率(%)	只说出相等关系比率(%)
城区学校1	44.68	4.26	4.26
城区学校2	12.00	16.00	0
乡镇学校	7.69	0	7.69
均　值（答对总人数/总人数）	25.45	9.09	2.73

从表 5-15 中不难看出，学生在这方面的能力不高，尤其是理论概括。通过三个例子概括分数基本性质的占比都在 20% 左右，随着例子的增多，表征能力

会适当提高，可见例子的个数会影响表征水平。

（三）如何建立与商不变性质之间的联系

我们在多所学校测试的数据显示，在没有提示的情况下，某城区学校学生能与商不变性质建立联系的百分比是 1.1%，即使在第一题复习了商不变性质之后，再让学生来说明为什么两个分数相等，学生主动将二者联系在一起的占比某城市学校达到 10.6%，某乡镇学校为 8.3%。

对商不变性质的遗忘是不是导致不能联系的主要原因呢？我们更正前测方案，设计了前测方案 5，希望能找到相关的原因。我们抽取了杭州市富阳区富春第二小学进行测试，全班 46 个学生中，有 8 个学生在完成 $3 \div 4 \bigcirc 6 \div 8$ 写成 $\frac{()}{()} \bigcirc \frac{()}{()}$ 时，能将除法算式转化成分数形式，但存在不能正确判断两个分数大小的问题，分别填了大于号、小于号或空格，占比 17.4%，这部分学生虽然能转换除法与分数的关系，但是不能综合地考虑大小之间的关系。其余 82.6%

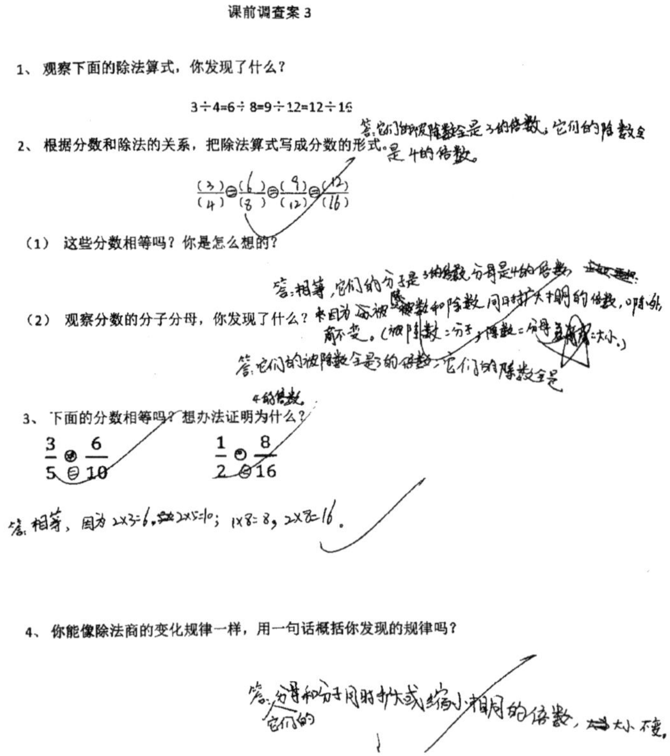

图 5-11　与商不变性质建立联系的前测样卷

的学生都能正确转化并判断大小。学生能找到商不变性质与分数基本性质之间的联系吗？从学生语言表述中，我们进行归类，能比较清楚、准确地说出它们之间关系的有 12 位同学，占比 26.1%，主要是通过文字叙述、符号表征两种形式，如图 5–12 所示。

从多次的测试中可见，通过与商不变性质建立强联系，学生能主动联系的占比有所提升，但比率相对总体较低。四、五年级的学生对于知识内部逻辑的演绎推理思维较弱，而基于形象思维的归纳推理仍然是学生思维的主要特点，教学中应多给予形象支撑。

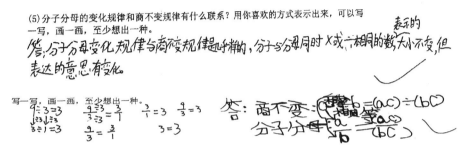

图 5–12　与商不变性质建立联系的前测样例

第三节　基于学情实证研究的教学启示

基于数据实证的前测研究，不仅确保了数据的评估与甄别作用，同时更充分发挥了大数据分析与决策作用。实证研究会以一种可视化的方式来"说话"，提给我们一个相对"精准"的决策，从而使教学走向高效。

一、理解等值内涵，观察发现规律

分数基本性质的核心价值是承上启下，是后续通分、约分的基础，是异分母加减运算的核心本质。通过分数单位大小、数量的补偿变化，理解等值，渗透相同计算单位相加减的运算本质，是帮助学生理解分数基本性质本质内涵的有效方式。

分数基本性质的本质是构造分数单位不同但大小相等的分数，其核心在于"分数单位"。因此在教学中，我们要强调比大小是在统一分数单位的前提下进行的，还应注重图式与语言之间的联系。

以图 5-13 为例，理解 $\frac{1}{4}$ 和 $\frac{2}{8}$ 先从面积守恒上发现分数的等值性，再结合图观察份数的变化，将 1 份再扩充成 2 份，也就是分子分母同时乘 2。再如假分数，让学生先观察 $\frac{15}{9}$ 和 $\frac{5}{3}$ 表示数轴上的同一个点，直观理解什么是等值分数，再观察将数轴上的三份并作一份，直观理解分子分母同时除以 3 的规律，从而概括分子分母同时除以 3，分数大小不变的规律。如此分两步图式理解分数的基本性质，为学生理解性质搭建逐级上升的脚手架。

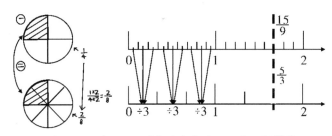

图 5-13　基于面积守恒和数轴上同一点理解等值

二、强调多元表征，完善多维理解

读图过程事实上是从操作到表象的体验过程，教学过程中可以通过提供多元化图式，将寻找等值分数的过程可视化，激发多元表征的创造力，理解多层语义下不同层级的等值意义，逐步引导学生经历学习分数基本性质的全过程。

教材安排出现了"份数"的初步认识后，再到后面对分数不同意义的理解，中间间隔的时间较长，如果在教学中没有处理好，可能会使学生对"份数"意义的记忆根深蒂固，不利于对以后出现的分数其他意义的理解。我们的教学设计应当是多向的，而不应仅仅是"分实物—言语表述"这一单一走向，即应从"份数""商""测量""运算"以及"比"这五种不同层级的理解来相应地展开教学。[①]人教版教材在五年级下册介绍分数的基本性质时，主要是以符号化的算式为主，其中少数例题采用面积图形的形式，但学生也可能基于外形相似性进行判断，而非真正理解关系的等值。在教学过程中，教师应该走出课本，提供有关等值

---

①章勤琼，徐文彬.论小学数学中分数的多层级理解及其教学［J］.课程教材教法，2016（3）:43–49.

分数情境的现实性经验，以及等值分数和非等值分数的对比例子，以帮助学生真正理解其概念，并学会辨别什么情况下适合采用等值分数的解题策略。此外，在教学中要结合多种语义背景，促进学生充分掌握等值分数的意义，同时注意各种意义之间的衔接性，例如在部分—整体意义的基础上学习测量、比的意义，继而在比的意义上学习运算的意义，这样学生更容易接受和理解。再者，可以借鉴国外的教学实践，在小学低年级开展等值分数的早期教学，帮助学生在原有的非正式知识基础上发展对正式概念的理解。[①]多元表征是对知识的精加工。当学生用自创的符号解释数学时，他们所经历的是从被动模仿到自主探究的创作过程。我们认为，可以增加"举例验证""画图说明"的数学探究过程，从而培养图式表征能力，发展思维水平。

三、鼓励主动归纳，提升概括水平

从心理学的角度讲，概括就是把不同事物的共同属性（本质的或非本质的）抽象出来后加以综合，从而形成一个日常概念或者科学概念。鲁宾斯坦说："思维是在概括中完成的。"思维的最显著特征是概括性。美国心理学家贾德认为，概括是产生学习迁移的关键，学习者只有对他的经验进行了概括，获得了一般原理，才能实现从一个学习情境到另一个学习情境的迁移，才能"举一反三""闻一而知十"。所以，我们在日常教学中应设置更多"概括"环节，培养学生的"概括"能力。

四、梳理知识网络，联通知识本质

基于上述关于分数基本性质和商不变性质的沟通分析，如果我们继续优化知识联通的方式，可以帮助更多的学生建立起知识联系。而使知识建立联系，形成网络框架，将新知不断缝合到已有的知识系统中，是终身学习最有效的学习方式之一，我们应该通过画知识网络图、思维导图等形式，加强引导学生梳理知识，提升构架知识网络的能力。

[①]韩玉蕾，辛自强，胡清芬.等值分数概念的理解［J］.心理发展与教育，2012（2）:210-217.

第四节 错题的研究与分析

错题是数学教学的宝贵资源，如何"变废为宝"永远值得教师研究。在课堂上，我们通过观察交流可以知道部分学生学习该知识的困惑，但是难以了解全部学生的掌握情况，错题研究与分析可以使我们对学生掌握情况的了解更为全面，可以让我们的教学活动更有针对性。

> **思考**
>
> 学生在运用分数的基本性质判断分数的大小和解决一些问题的过程中，经常会发生哪些错误？原因是什么？在你的印象中，学生错误率较高的是哪些题？

本次研究收集了 44 本人教版教材配套的课堂作业本，主要统计了第 37 页的第 3、4、5 题中的各一小题和第 6 题，统计结果如表 5–17 所示。

表5–17 学生作业错误情况分析

错误类型	错误示例	错误人数	占百分比（%）
孤立地比较分子或分母的大小	3. 在○里填上">""<"或"="。 $\frac{8}{15}○\frac{2}{15}$ $\frac{6}{18}○\frac{1}{6}$ $\frac{1}{5}○\frac{5}{15}$ $\frac{4}{5}○\frac{7}{10}$ $\frac{3}{4}○\frac{12}{6}$ $\frac{15}{30}○\frac{5}{6}$	4	9.1
四个异分母分数比较大小，学生顾此失彼，不过最小的 $\frac{1}{2}$ 基本都正确	4. 将下列分数按从小到大的顺序排列起来。 (1) $\frac{2}{3}$ $\frac{19}{24}$ $\frac{5}{6}$ $\frac{13}{18}$ $(\frac{1}{2})<()<()<()$ (1) $\frac{2}{3}$ $\frac{1}{2}$ $\frac{5}{6}$ $\frac{13}{18}$ $(\frac{1}{2})<(\frac{2}{3})<(\frac{5}{6})<(\frac{13}{18})$ 4. 将下列分数按从小到大的顺序排列起来。 (1) $\frac{2}{3}$ $\frac{1}{2}$ $\frac{5}{6}$ $\frac{13}{18}$ $(\frac{1}{2})<()<()<()$	18	40.9
对分数的基本性质运用不灵活，误以为分母加12分子也要加12，审题不清或意义不理解	(3) $\frac{4}{6}$ 的分母加上12，要使分数大小不变，分子应上 $()$ (3) $\frac{4}{6}$ 的分母加上12，要使分数大小不变，分子应上 $()$	21	47.7

续表

错误类型	错误示例	错误人数	占百分比（%）
用等值分数进行比较后，混淆了原来的分数；分子、分母同时扩大几倍书写错误；图中表示 $\frac{5}{6}$ 的没有平均分		18	40.9

由表 5-17 可以看到，学生在学习分数基本性质后依然问题很多，例如，题 6 中表现出来的"单位 1"理解的问题；多个分数比较大小时错误率高，在进行等值和非等值比较时，有些学生只关注局部，所以在比较 $\frac{4}{5}$ 和 $\frac{7}{10}$ 时会出错；分母加 12，要使分数大小不变，分子也加 12 等问题，暴露出学生对等值理解不深刻、只会机械地用分数基本性质等问题。

学生到底学得怎么样呢？在此基础上，我们编制了分数的基本性质的后测问卷，开展了后测与分析。

> **思考**
>
> 你觉得后测的目的与前测有什么不同？如果把后测的题目按照顾泠沅等的数学认知水平四层次框架来分类（本书第四章第三节教材习题编排研究部分已有说明），情况会怎么样呢？

一、测试的问题、对象和过程

（一）测试工具及水平划分

本测试主要用了两个题目，第一题有两个小题，先判断" $\frac{3}{4}$ 与 $\frac{9}{12}$ 、 $\frac{5}{15}$ 与 $\frac{2}{6}$ "这两组分数的大小，再说明理由；第二题是让学生举例说明分数的基本性质的作用，旨在沟通小数基本性质和分数基本性质的联系，让学生举例说明分数的基本性质在运算和比大小上有什么作用。根据顾泠沅教授的数学认知水平的四层次分析框架，我们认为第一题判断分数的大小应该属于第二水平概念——概念性记忆水平，而说明理由因没有任何提示，让学生自己领会，学生基本上用了画图、算式和文字这三种中的两种，归于第三水平领会——说明性理解水平。第二题是学生没有接触过的，让学生举例说明分数的基本性质有什么作用，需要学生在分析时通盘考虑，属于第四水平分析——探究性理解水平。

（二）测试的对象

测试选取的是学习人教版教材的 88 位五年级乡镇学生，由于学生的水平大体接近，我们认为他们能够代表当前乡镇学生的整体水平。通过对他们的调查与研究，发现乡镇学生在学习过程中存在的问题与困惑，能够了解他们对学习分数基本性质的数学认知水平。从样本看，本研究得出的结论不具有推广性，但具有一定的参考意义。

（三）测试的过程

测试是在 2017 年 4 月上旬刚刚学完分数的基本性质之后，在学生不知情的情况下，由任课教师协助完成。在测试前，没有给学生任何解题提示，也没有读题，直接让学生独立解答。学生在解题过程中，没有讨论交流，整个过程基本反映了学生独立地在自然情境下解答与分数的基本性质相关问题的水平。学生基本上在 25 分钟左右完成。

二、测试结果的统计与分析

> **思考**
>
> 你觉得在让学生说明相等的理由时，他们最喜欢用哪种方法呢？学生对后测题目中的哪一道题思考得比较久，无从下笔？

本研究获得的测试结果如表 5-18、图 5-14 所示。

表5-18　后测情况统计

题　目	水平层次	正确人数	正确率（%）	主要错误
$\frac{3}{4}\bigcirc\frac{9}{12}$	判断大小（水平2）	84	95.5	填小于号的3人，还有1人空白
	说明理由（水平3）	116	68.6	单位1不统一，算式分数线没加，其他错误

续表

题 目	水平层次	正确人数	正确率(%)	主要错误
$\dfrac{5}{15} \bigcirc \dfrac{2}{6}$	判断大小(水平2)	64	72.7	填大于号的21人,占错误人数的87.5%,填小于号的2人,有1人空白
	说明理由(水平3)	94	57.3	单位1不统一,分得不平均,两个分子和分母不能整除,算式分数线没加,其他错误
分数的基本性质在运算和比较大小上有什么作用?你能试着举例说明吗?	举例说明(水平4)	17	19.3	回答不完整的有35人,他们举例说明只举了一种(比较大小的),或者是举了两种例子,但分数运算举的是同分母分数的加减。其余的是没有头绪,不知所云或者空白

正确率

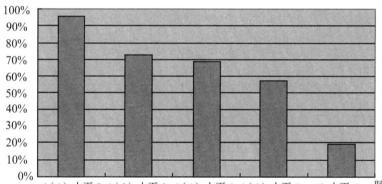

图5-14 后测情况(正确率)统计图

由上面的统计结果可知:学生在运用分数的基本性质比较大小时,不同的分数比较大小的难度也会不同;在说明如此比较的理由时,大部分学生都用两种方法来说明;最让学生伤脑筋的是第二题,很多学生没有头绪,不知道分数的基本性质有什么作用,说明这些学生并没有理解知识的内涵。

(一)判断异分母分数的大小并不容易

第一题(水平2)判断大小的正确率是95.5%,有3个学生写小于号,我们对其中的一人进行了访谈。"你能说说这一题你为什么填小于号吗？""我先看分母 12 比 4 大，再看分子 9 比 3 大，我想分子和分母都大了，那么这个分数肯定比较大。"这个学生并没有把分数看成一个数，而是把一个分数看成两个数来比较的，看分子和分母都大，那分数肯定也大。

第二小题（水平 2）判断大小的正确率和第一小题相比，低了一些，正确率为 72.7%，这可能是由于数据的关系，分子 5 和 2、分母 15 和 6 都不是整倍数的关系，部分学生找不出 5 缩小几倍是 2，因此判断不相等填大于号。这可能与人教版的例题有关，例题中的分子分母都是成倍扩大或缩小的。其原因可能是部分学生对分数的基本性质只停留在机械识记阶段，不能了解法则背后的实际含义，而一旦法则记忆错误或记忆不牢固，则该学生对于所有分数比较大小的题都易犯错误。[1]

（二）说明理由有难度，直观画图是首选

第一题两小题中（水平 3）说明理由的正确率分别是 68.6% 和 57.3%，都明显低于水平 2 的正确率，部分学生判断正确说明理由错误。第一题（水平 3）后测的具体情况统计如表 5-19、图 5-15、图 5-16 所示。

表5-19　第一题（水平3）后测情况统计分析

题目	表征形式							
	画图 / 人次（%）		文字 / 人次（%）		算式 / 人次（%）		合计 / 人次（%）	
$\frac{3}{4} \bigcirc \frac{9}{12}$	正确	69（79.3）	正确	24（50.0）	正确	23（67.6）	正确	116（68.6）
	错误	18（13.8）	错误	24（50.0）	错误	11（32.4）	错误	53（31.4）
合计		87（51.5）		48（28.4）		34（20.1）		169
$\frac{5}{15} \bigcirc \frac{2}{6}$	正确	50（60.2）	正确	18（41.9）	正确	26（68.4）	正确	94（57.3）
	错误	33（39.8）	错误	25（58.1）	错误	12（31.6）	错误	70（42.7）
合计		83（50.6）		43（26.2）		38（23.2）		164

注：大部分学生选用两种方法来说明理由，第一小题有 7 个学生用一种方法，第二小题有 1 个学生空白，没有将其计算在内，有 10 个学生用一种方法，还有个别学生用了两种画图或两种算式的方法，都当成两次计入。

---

①李仙苹．小学五年级学生分数知识学习的错误类型之研究［D］．天津：天津师范大学，2012：48.

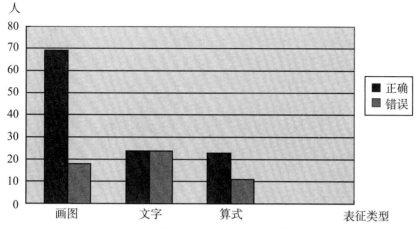

图 5-15　第一小题（水平 3）后测情况统计

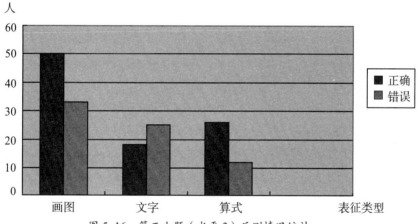

图 5-16　第二小题（水平 3）后测情况统计

由上面的统计结果可知，大部分学生第一种方法都选择画图，其中以面积图为主，线段图比较少。第一小题画图错误中有 12 个学生出现了"单位 1"不统一的错误，占了画图错误总数的 66.7%；第二小题出错的有 23 个，占了画图错误总数的 69.7%。由此可见，在学生学习分数知识的过程中，能够正确确定单位量既是学习的重点也是学习的难点。杨壬孝、杨德清、洪素敏等人指出，学生之所以在解题中出现单位量的判断错误是因为学生没有真正了解分数的意义。[①]学生画图出现的典型错误如图 5-17 所示。

---

①杨婷 . 学生分数概念错误及其发展研究［D］. 杭州：杭州师范大学，2015:12.

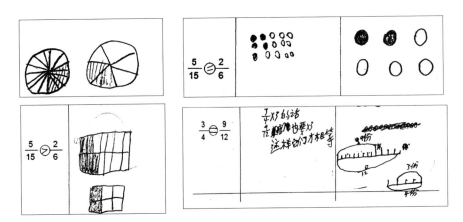

图 5-17　第一题画图说明的典型错误

第一题用文字说明的正确率分别是 50% 和 41.9%，第一小题中有 20 个学生的错误为叙述不完整，占错误总数的 83.3%。学生的错误表达是"因为左边的 $\frac{3}{4}$ 扩大 3 倍就是 $\frac{9}{12}$ 了，$\frac{9}{12}$ 缩小 3 倍就是 $\frac{3}{4}$，所以它们相等"。第二小题中也有 11 个是这样表达的，另外有 5 个学生说它们分子和分子、分母和分母都不能整除，所以不相等。用算式说明的正确率分别是 67.6% 和 68.4%，是唯一一次第二小题正确率略高于第一小题。可能是因为部分学生根据第二小题，分母是分子的 3 倍这个关系，用算式来说明它们相等。

（三）不明白所学知识为何用

第二题（水平 4）的正确率只有 19.3%，有 39.8% 的学生没有举分数运算的例子或者就是同分母分数的加减，随便写几个字的占 35.2%，空白的占 5.7%。关于分数的基本性质在运算和比大小上有什么作用，大部分学生都写方便计算之类的，只有个别学生讲到使分数单位变得一样才能计算。可见，大部分学生还没有将分数的基本性质与商不变性质以及小数的基本性质联系起来。

在正确的答案中，我们意外地发现了一个学生举的例子是运用分数基本性质解决分数除法的问题，如图 5-18 所示。她利用分数的基本性质算出了 $\frac{3}{4} \div \frac{3}{12}$ =3，把 $\frac{3}{4}$ 变成 $\frac{9}{12}$，$\frac{9}{12}$ 里有 3 个 $\frac{3}{12}$，所以这两个分数相除的商是 3。可见，让能力强的学生解决这样的题目很有挑战性，能使他们更深入地触摸数学的本质。

3.分数的基本性质在运算和比大小上有什么作用？你能试着举例说明吗？

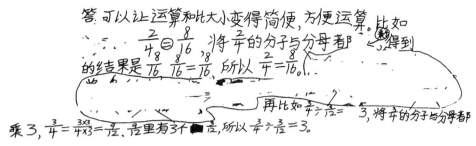

图 5-18 第二题举例运用等值分数解决分数除法

那么，大部分学生无从下笔的原因是什么呢？我们认为可以从两个方面来考虑。其一，学生在课内外所接触到的习题，很少有这种简答题类型的，学生接触到的基本上是计算或一般的解决问题的题目。在课堂教学中可能教师也不是很重视知识之间的联系，没能有效地引发学生这方面的思考。其二，学生学习的被动性，在大部分的课堂教学中都是以教师讲为主，养成了学生思维的惰性，平时不会主动地提出和思考一些问题。

三、学生作业错误及后测结果对教学的启示

错误是一笔可贵的生成性教学资源，有效地利用错题会使教学更为"精准"，让学习更为有效。

（一）关注素材数据选择的多样性

通过统计学生作业中的错误并分析其类型，我们知道学生利用分数的基本性质来判断分数的大小跟分数的个数似乎有关系，只有两个数的比较好判断，错误率9.1%（$\frac{4}{5}$和$\frac{7}{10}$，刚好$\frac{7}{10}$的分子分母都比$\frac{4}{5}$大，可能有一部分只比较分子或分母大小来决定分数大小的学生也会判断正确）；而有四个分数的比较（$\frac{2}{3}$、$\frac{1}{2}$、$\frac{5}{6}$、$\frac{13}{18}$），学生的错误率达到了40.9%。然而，第 6 题简单的解决问题中实际上也就是判断$\frac{3}{4}$和$\frac{5}{6}$的大小，学生的错误率也达到了40.9%。那么，究竟学生判断分数的大小是与分数的个数有关还是与两个分数的数据有关呢？或者说与谁的关系更密切一些？我们认为多个分数的大小比较其方法还是以两个分数为基础的，因此我们在后测中就设计了两个分数的大小比较，第一小题是两个分子和两个分母有整倍数关系，第二小题没有这种关系。其结果显示，学生第二

小题的错误率明显高于第一小题。

由此可见，在教学过程中学习素材数据的选择要多样，既有两个分子和两个分母成倍数关系的，也有不成倍数关系的，要照顾到中下学生，使他们也能对分数的基本性质有全面深入的理解。

（二）重视学习活动经验的积累

在学生作业的错误统计中我们发现，部分学生对分数基本性质的理解出现歧义：其一是对其中"分子和分母同时乘或除以一个相同的数（零除外）"理解成"这个分数乘或除以一个数（零除外）"，算式写成 $\frac{3}{4} \times 3 = \frac{9}{12}$ ；其二是按照整数的规律来理解分数，是学习的一种负迁移，不知道分数中分子、分母关系的特殊性，如表 5–18 中第三类错误"分母加上 12，要使分数大小不变，分子加上（12）"。看来我们不仅要知道他们判断得对不对，还要知道他们到底是怎么判断的。

在后测中为了进一步了解学生是怎么判断分数的大小的，让学生通过一些方法来说明理由。从前面的结果分析中我们知道，学生首选的方法是画图，画图的正确率也是最高的。虽然是五年级的学生，但是他们在理解如此抽象的分数基本性质时还是需要形象直观的图形来支撑。在国外的课程标准中我们知道，他们重视学生的活动经验，尤其是直观活动的经验，运用分数模型、具体语境、分数墙等。通过这些活动建立完整的等值分数概念，与整数的规律进行区分。

（三）注重知识体系构建的完整性

学习数学的每一个知识点都不是孤立的，它们都是组成整体的一部分，都有它们自己固定的位置。分数的基本性质也一样，那么它是从哪里来的，要到哪里去呢？我们教师要有这样的意识，也要让学生有这样的意识。于是就有了我们后测中的第二题，它要到哪里去。我们可以从两方面来理解：其一，本单元马上应用的，通分、约分、异分母分数的加减法、异分母分数的大小比较等，通过后测我们了解到，大部分学生这方面的意识还是比较薄弱的；其二，从整个认知结构来看，分数是从"商不变的性质、小数的性质"而来，向着"比的基本性质"而去。

本课的总结环节可以帮助学生打通分数的基本性质与商不变性质、小数的性质之间的知识联系，重建认知结构，同时引出比的基本性质，使学生认识到知识的前后联系，引发学生新的猜测和思考，激发学生继续探索的欲望。[①]

---

①孟庆阳，任占杰．"分数的基本性质"教学实录与评析［J］．小学数学教育，2016（5）:54–57.

第六章　教学设计的多维建构与实践

你的学生在课堂上是兴高采烈还是愁眉苦脸？学生的学习态度是越来越积极还是越来越消极？学生的学习信心是越来越强还是越来越弱？教学设计的优劣决定着学生的学习状态！

分数基本性质的教学如何设计呢？我们认为核心问题有下面四个方面：

· 分数基本性质的核心内涵是什么？

· 学生处在怎样的认知水平？

· 培养哪些数学思想？价值何在？

· 教学设计从哪几个维度切入？

在前面的研究中，我们追踪溯源，理清知识从哪里来、到哪里去；我们钻研课标，理解课标提出什么要求、如何落实；我们理解教材，看透教材如何编排、"我"如何看教材；我们研究学生，看懂学生现在在哪里、会如何学习。种种问题，都需要在教学设计中落地，在课堂教学中解决。

本章中，我们将基于"如何理解等值内涵""如何提升学生图式化素养"等核心目标，重点来回答"教学设计从哪几个维度切入"这个问题，试图从教学设计综述和同课异构研究两个层面展开讨论。

第一节　教学设计综述

教学设计，亦称为教学系统设计，是面向教学系统，解决教学问题的一种特殊的设计活动。它既具有设计的一般性质，又必须遵循教学的基本规律。教学设计主要是以促进学习者的学习为根本目的，运用系统方法，将学习理论与教学理论等原理转换成对教学目标、教学内容、教学方法和教学策略、教学评价等环节进行具体计划、创设有效的教与学系统的"过程"或"程序"。本节试图在查阅近20年来中国知网上的教学设计的基础上，以2001年以前、2001年新课标实验稿颁布以来、2011年版新课标颁布以后这三个时段，对部分教学设计进行综述，在求同与求异的过程中，进一步研究"分数的基本性质"的教学设计。

一、教学目标的综述

教学目标是指教学活动实施的方向和预期达成的结果，是一切教学活动的出发点和最终归宿。通常所说的教学目标，在没有特殊说明的情况下，实际上指的就是课堂教学目标。课堂教学目标常常被人们简化为"教学目标"。有了课堂教学目标，教案中教学过程的撰写，就可以围绕着教学目标展开。

> **思考**
>
> 分数基本性质这节课的教学目标是什么？在不同的历史阶段这节课的教学目标发生了哪些变化？有哪些是没有变化的？

（一）2001 年以前的教学目标

纵观新课标颁布以前的教学目标，虽然有的教学设计中没有明确指出，有的教学设计已经明确指出，还有就是表述教学目标的名称不一，称为"教学要求""目的要求""指导思想""教学目的"等，但是教学目标一致关注分数基本性质这个基本知识，以及运用这个基本知识和规律进行分子、分母变化而分数值不变的操作技能，当然也有部分教学目标涉及学习能力的培养，难能可贵的是 1999 年李家永还明确指出了数学思想方法——变与不变的教学目标，这在当时已经是非常前沿了。

设计 1[①]

教学要求：认识分数的基本性质，并能应用这一性质把分数化成指定分母而分数大小不变的分数，为以后学习分数四则运算打下良好基础。

设计 2[②]

目的要求：通过学具操作，教具演示，使学生能正确推导、理解分数的基本性质，同时培养学生观察、比较、分析、归纳和概括的能力。

设计 3[③]

指导思想：使学生理解和掌握分数的基本性质，并能初步地把一个分数化成指定分母（或分子）作分母（或分子）而大小不变的分数。

---

①吕新.分数基本性质［J］.四川教育，1989（1）:28.

②马国臻.分数的基本性质教案［J］.小学教学研究，1990（3）:22.

设计 4[①]

教学目的：理解分数的基本性质；初步掌握分数基本性质的运用；培养学生观察、探索、抽象、概括的能力；渗透事物是相互联系和不断发展变化的辩证唯物主义观点。

> **思考**
>
> 以上这几个设计中的教学目标对你有什么启发？它们有什么共同之处？

总体来说，这个时期的教学目标比较注重知识与技能的目标，而轻视情感态度和价值观、获取知识的过程方面的目标，教师的演示操作痕迹比较多，学生自主探索规律的操作活动较少。

（二）2001 年版新课标实验稿颁布以来的教学目标

2001 年版新课标颁布以来，教学方式发生了很多改变，一些体现新理念的教学设计也随之而来，教学目标当然也发生了同样的改变，让我们一起来看几个设计。

设计 1[②]

（1）经历分数基本性质的建构过程，归纳、概括并掌握分数的基本性质，能运用分数的基本性质解决有关的数学问题。

（2）培养学生观察、分析、比较、归纳、概括及动手实践的能力，进一步发展学生的思维。

（3）经历观察、比较、猜想、验证、推理等数学活动，感受"比较""变与不变"等数学思想方法，提高学生自主探究知识的能力。

（4）让学生体会数学来自生活实际的需要，感受数学与生活的联系，激发学生对数学学习的兴趣。

设计 2[③]

知识与技能：

---

①李家永.分数的基本性质教学设计与评析［J］.云南教育（小学教师），1999（4）：45.

②李斌.分数的基本性质教学设计与评析［J］.小学教学参考（数学），2008（3）:14.

③李立波.分数的基本性质教学课例及评析［J］.辽宁教育，2009（1-2）：104.

通过教学使学生理解和掌握分数的基本性质，能运用分数的基本性质对分数进行"等值"变形，并能应用这一规律解决简单的实际问题。

过程与方法：

（1）引导学生在参与观察、比较、猜想、验证等学习活动的过程中，有条理、有根据地思考、探究问题。

（2）通过思考、研讨等活动，发展学生实践能力和合作意识，培养学生的抽象概括能力。

情感态度与价值观：

通过类比分数的基本性质，推测出分数的基本性质，在学生已有数学经验的基础上，提高学生学数学的兴趣。

设计 3[①]

（1）经历探索分数基本性质的过程，理解分数的基本性质。

（2）能运用分数的基本性质，把一个分数化成指定分母或分子而大小不变的分数。

（3）经历观察、操作和讨论等学习活动，体验数学学习的乐趣。

思考

你对这个教学目标的设计有什么看法？这些设计的变化是什么？

这个时期的教学设计中教学目标不仅关注到原来的知识与技能，更强调关注过程与方法、情感态度价值观。教学从原来的学生观察教师演示的"被操作实践"转变为现在的让学生在知识与技能的学习中经历分数基本性质的探索过程，学会思考和探究的方法，发展学生思维能力。教师开始注重学生的情感态度，引领学生在学习的过程中感受数学与生活的联系，感受学习的乐趣，增强学习的兴趣。其中，李斌和李立波的设计中还关注到了变与不变、比较、类比、推测等数学思想方法的渗透，让学生在这些思考活动中感受分数的等值变化。

（三）2011 年版新课标颁布以来的教学目标

经过一线教师近 10 年的教学实践检验与反馈，国家教育部组织专家对新课

---

① 秦兴华．分数的基本性质教学设计［J］．陕西教育（教学版），2010（Z1）:25.

标进行了修改与调整，并颁布了 2011 年版新课标。在这个教育背景下，教学设计也相应进行修改与调整，那又会有什么新的变化呢？请看下面的设计。

设计 1[①]

（1）能在具体情境中运用多种方法初步理解分数的基本性质，并能准确概括出分数的基本性质。能运用分数的基本性质，把一个分数化成指定分母或分子而大小不变的分数。

（2）经历猜测、验证、实践等探索分数基本性质的过程，进一步培养学生的观察能力、分析能力、概括能力。

（3）在自主探索和合作交流中，体会学习分数的价值。

设计 2[②]

（1）通过自主探索，使学生理解、掌握分数的基本性质。

（2）根据分数的基本性质，学会把一个分数化成用指定分母做分母或指定分子做分子而大小不变的分数。

（3）经历探索分数基本性质的过程，感受转化、归纳、类比等数学思想方法。培养学生观察、比较、抽象、概括及动手实践的能力，进一步发展学生的思维。

设计 3[③]

（1）经历发现和验证分数基本性质的过程，理解分数基本性质，能把一个分数化成大小不变的分数。

（2）能运用对分数的理解验证分数的相等，进一步理解分数的意义。

（3）能有条理地、清晰地阐述自己的观点，发展推理能力。

> **思考**
>
> 　这里的教学目标设计发生了怎样的改变？你认为教学目标的设计应从哪几个维度来思考？

在 2011 年版新课标颁布后，教学设计的目标主要从知识与技能、数学思考、问题解决和情感态度四个维度来考虑，与之前的教学目标相比，加强了过程性

①张冬玲.分数的基本性质教学纪实与反思［J］.黑龙江教育·小学，2011（5）:29.

②高峰龄.分数的基本性质教学设计［J］.教学与管理，2012（5）:57.

③曾力.分数的基本性质教学设计［J］.小学教学（数学版），2014（6）:21.

目标设计，更加关注获得知识与技能的过程以及方法，如高峰龄老师的设计：经历探索分数基本性质的过程，感受转化、归纳、类比等数学思想方法，等等。而且，老师在设计时还注重对学生在学习方法上进行一些指导。如张冬玲老师的设计：能在具体情境中运用多种方法初步理解分数的基本性质，并能准确概括出分数的基本性质。教师要求学生自主积累学习经验，质疑思考，验证、表达自己的想法，能用多种方法理解、解释规律，沟通前后知识之间的联系。特别值得一提的是曾力老师的设计中提到了"能运用对分数的理解验证分数的相等，进一步理解分数的意义"。从分数的原点出发来理解验证分数基本性质，打通分数基本性质和分数的意义之间的"任督二脉"。

> **思考**
>
> 　　通过以上三个时期的教学目标的比较，你认为分数基本性质这节课的教学目标应具备哪几个因素？

（四）分数基本性质的教学目标的描述

经过以上三个阶段的教学目标设计的综述，我们对分数基本性质这节课的目标定位有了较为清晰的认识。那么，"分数的基本性质"这节课的教学目标究竟该怎样来描述呢？

关于"知识与技能"方面的目标可以表述如下：

（1）理解分数基本性质的具体含义。

（2）能应用分数的基本性质把一个分数转化成大小不变的分数。

（3）知道分数基本性质与商不变性质之间的联系。

（4）能运用对分数的理解验证分数的相等，进一步理解分数的意义。

（5）能运用分数的基本性质对分数进行"等值"变形。

关于"数学思考"方面的目标可以表述如下：

（1）经历对分数的基本性质的探索过程，让学生通过观察、操作和讨论等学习活动的开展，在探索过程中进行有条理的思考，能对分数的基本性质做出简要的、合理的说明。

（2）培养学生观察、比较、归纳、总结、概括的能力。

（3）培养学生的推理能力，发展学生的应用意识、问题意识和创新精神。

关于"问题解决"方面的目标可以表述如下：

（1）能根据解决问题的需要，收集有用的信息并进行归纳。

（2）通过不同方法验证分数基本性质，体验解决问题策略的多样性，积累活动经验。

关于"情感态度"方面的目标可以表述如下：

（1）经历观察、操作和讨论等数学学习活动，使学生进一步体验数学学习的乐趣。

（2）鼓励学生敢于发现问题，培养学生勇于解决问题的学习品质。

（3）在自主探索和合作交流中，体会学习分数的价值。

（4）让学生体会数学来自生活实际的需要，感受数学与生活的联系，激发学生对数学学习的兴趣。

以上是基于学生实际的课堂教学目标，从四个方面说明我们要关注到这节课的近期目标，又要关注到一个单元乃至一个学期甚至整个小学阶段的远期目标，这样我们的教学才会做到有的放矢，因此这节课要特别关注过程性的目标和情感态度方面的目标，让学生对整个分数学习的过程构建联系，充分理解分数的意义和分数定义揭示后的第一个重要性质——分数的基本性质。

二、教学引入的综述

成功的教学引入，是师生建立感情的第一座桥梁，也是活跃整个课堂气氛的第一道关卡。精彩的导入能高度集中学生的注意力，使他们怀着期待、迫切的心情渴望新课的到来，从而为课堂教学的顺利进行奠定良好的基础。

（一）教学引入的几种方式

> **思考**
>
> 　　通过对这节课教学目标的了解，你觉得可以设计一个怎样的教学引入呢？分数基本性质这节课会有哪些不同的教学引入方式呢？

通过分析和研究知网中收集到的教学设计和教学实录，我们发现分数基本性质这节课的教学引入方式大致有以下几种。

1. 复习引入

分数基本性质的学习基础是商不变性质和分数的意义，有的教学就是从除法和分数的关系或是分数大小比较引入的。

设计 1[①]

问：在分数里，分母、分子分别表示什么？商不变性质是怎样的？（讨论 $3 \div 0$，强调不能同乘或除以 0）。

议：下面每组算式的商是否相等？每个算式的商分别是多少？

$15 \div 3$ 和 $30 \div 6$ $\qquad\qquad$ $3 \div 4$ 和 $6 \div 8$

师生共同得出：$3 \div 4 = 6 \div 8$，那么 $\frac{3}{4}$ 和 $\frac{6}{8}$ 是否相等？（教师：我们今天探讨这个问题）

读：课本第 69 页的课题（板书：分数的基本性质）。

设计 2[②]

（1）说出分数 $\frac{3}{4}$、$\frac{6}{8}$ 和 $\frac{9}{12}$ 所表示的意义。

（2）比较下列各组分数的大小，并说明理由。

$\frac{4}{15}$ 和 $\frac{7}{15}$ $\qquad\qquad$ $\frac{8}{15}$ 和 $\frac{8}{11}$

对上面这类同分母或同分子的分数，我们可以很快说出它们的大小，而如果像下面这三个分数：$\frac{3}{4}$、$\frac{6}{8}$ 和 $\frac{9}{12}$，该怎样比较它们的大小呢？

设计 3[③]

出示算式：$1 \div 2$ $\qquad$ $2 \div 4$ $\qquad$ $3 \div 6$

师：观察这三个算式，你发现了什么？

生：它们的结果都相等。

师：你们也发现了吗？为什么结果相等，你们能发现这三道算式之间有什么规律吗？

生：根据商不变的性质可以知道。

师：把这三道除法算式分别改写成分数，可以得到哪几个分数？

生：$\frac{1}{2}$，$\frac{2}{4}$，$\frac{3}{6}$（师板书）。

师：这三个分数之间又是什么关系呢？

生 1：我觉得是相等的关系，因为 $1 \div 2$，$2 \div 4$，$3 \div 6$ 这三道除法算式的商

①黄翠华.分数的基本性质教学设计［J］.云南教育，1994（5）:47.

②张培华.分数的基本性质教学设计［J］.小学教学研究，1995（4）:24.

③白丽娟.关注学习过程 实施有效探究——分数的基本性质教学案例及反思［J］.新课程·小学，2010（1）:64.

都相等。

生2：我认为这三个分数不相等，因为它们的分子、分母都不相同。

生3：分子、分母都不相同的分数不一定不相等。

师：你们都是注意观察的有心人。现在你们各执一词，谁也说服不了谁，怎么办呢？

生：试试看，看谁的正确。

以上三个教学设计的引入环节都是从复习分数与除法的意义，以及它们之间的关系开始的，分数的意义、除法的意义和商不变性质是本节课的重要基础，这样的引入有利于学生从熟悉到陌生，并通过知识的正迁移实现分数基本性质的推导和验证，同时也为今后进行知识之间的联系埋下伏笔。

2. 情境引入

不少教师喜欢用情境引入的方式来进行教学，主要通过观察、比较、故事等手段激起学生的求知欲望。

设计1[①]

创设猴妈妈分饼的问题情境，呈现例1中的图。（图略）

提问：你能用分数表示每块饼上的涂色部分吗？得到的分数分别表示什么？

再问：如果有4只小猴分别吃了这4块饼中的涂色部分（出示4只小猴图，分别与4块饼图对应），哪几只小猴吃得同样多？

根据学生回答，板书：$\frac{1}{3} = \frac{2}{6} = \frac{3}{9}$。

提问：这三个分数的分子不相同，分母也不相同，为什么大小相等？

设计2[②]

师：同学们，你们喜欢听故事吗？今天老师给你们讲一个有关唐僧的故事，好吗？

有一天，唐僧化缘得到了三块大小一样的饼，他打算把饼分给他的三个徒弟吃。唐僧先把第一块饼平均切成2块，分给孙悟空1块。沙僧说："师傅，我饿了，分给我2块吧！"唐僧就把第二块饼平均切成4块，分给沙僧2块。猪八戒更馋了，他抢着说："我要4块，我要4块。"于是，唐僧又把第三块饼平

①杨瑶.分数的基本性质教学设计与说明［J］.教育研究与评论·小学教育教学，2012（4）:53.
②宋爱华.分数的基本性质教学实践及反思［J］.小学数学教育，2013（6）:60.

均切成 8 块, 分给八戒 4 块。

师: 同学们, 你知道他们谁分的多一些吗?

生 1: 八戒分的多一些。

生 2: 悟空分的多一些。

生 3: 三人分的一样多。

设计 3[①]

师: 小的时候同学们都叫我孟三问, 知道为什么吗?

生: 因为老师爱问问题。

师: 没错! 而且我的问题, 都是在思考之后提出的。比如, 在认识自然数以后, 我的一个疑问: 在自然数的范围内可以找到两个大小相等但各个数位上数字又都不相同的自然数吗?

生: 不能。

师: 在小数的范围内, 可以找到两个大小相等但各个数位上数字又都不相同的小数吗?

生: 不能。

师: 难不倒你们! 那在分数范围内可以找到两个大小相等且分子、分母又都不相同的分数吗?

生: 这个有, 有很多。

这样的引入从不同角度入手, 让学生初步感知分数基本性质在现实生活中的存在, 学习兴趣高涨, 正所谓"课伊始, 趣已生"。

3. 自主探索引入

这类引入通常是开门见山, 直奔主题, 让学生自己通过探索发现、验证分数的基本性质, 请看以下的教学片段。

设计 1[②]

师: 这节课我们继续来研究"分数"。(板书: 分数) 你能说出几个相等的分数吗?

活动与反馈要点:

(1) 先让学生说出几个相等的分数, 教师选择性板书, 如 $\frac{1}{2} = \frac{2}{4}$, $\frac{1}{2} = \frac{4}{8}$。

---

①孟庆阳.分数的基本性质教学实录与评析[J].小学数学教育, 2015(3):63.

②朱德江.分数的基本性质教学设计[J].黑龙江教育·小学文选, 2007(7-8):92.

（2）提问：你怎么知道这两个分数是相等的呢？你能用折纸或其他方法来说明吗？

（3）先让学生说一说，再展示学生的折法（贴出学生的作品）。

结合展示追问学生：你是怎么知道它们相等的呢？从这幅图中你发现什么变了，什么没变？（涂色部分大小不变，分的份数和涂的份数变了。）

师：你能再用折一折或者画一画的方法，找出这样一组相等的分数吗？

活动与反馈要点：

学生可以折纸，也可以画图形、画线段图，找出相等的分数。教师组织学生展示并选择性板书在黑板上，如 $\frac{1}{4}=\frac{2}{8}$，$\frac{6}{10}=\frac{2}{3}$。

设计 2[①]

师：你能用分数表示涂色的部分吗？

生：$\frac{3}{5}$。

生：$\frac{6}{10}$。

生：$\frac{3}{5}=\frac{6}{10}$。

师：为什么有同学把这两个分数用等号相连？看看这两个分数，你有什么发现？

生：面积相等，所以这两个分数大小相等。

生：它们的分子、分母同时扩大了 2 倍。

师：两个分数不同，但是它们的大小相同，这里面有什么秘密吗？我们来继续学习。

这样的引入使学生的想象空间比较大，有利于学生去猜想和验证，但是学习起点比较高，学生可以借助已有的知识经验去经历自主探索规律的过程。

（二）引入方式对教学设计的启示

思考

上述教学引入方式各有什么特点？你更愿意选用哪种引入方式呢？如果由你设计这节课，你觉得引入可以体现哪些要点呢？

---

①武秀华.分数的基本性质教学纪实与反思［J］.黑龙江教育·小学，2011（5）:32.

我们对已有的一些教学设计进行分析，发现分数基本性质这节课的引入方式主要包括复习引入、情境引入、自主探索引入这几种，不同的引入有不同的特点和教学设计的需要。

1. 复习引入重联系

复习引入即所谓"温故而知新"，是利用数学知识之间的联系引入新课，淡化学生对新知识的陌生感，使学生迅速将新知识纳入原有的知识结构中，能有效降低学生对新知识的认知难度。它的设计思路是通过复习与新知识（新课内容）相关的旧知识（学生已学过的知识），分析新旧知识的联系点，围绕新课主题设问，让学生思考。分数的基本性质这节课就是要从分数的意义、除法商不变性质、分数与除法的关系、简单分数的大小比较等新旧知识的联系点切入，不但能加深学生对旧知识的巩固，同时也为新知的探索进行铺垫，但复习的环节要简洁，点到为止，要让学生快速提取有用的信息。

2. 情境引入重实效

作为课堂教学的"情境"，应具备生活性、趣味性和问题性这三个方面的特征。"生活性"是指情境必须贴近学生的生活。分数的基本性质这节课的情境可以选择讲故事、分物体等贴近生活的数学现实情境，使学生真实地去感受数学。"趣味性"是指情境必须能够激发学生的学习热情，调动学生的积极性。为了增强趣味性，我们可以利用学生感兴趣的孙悟空西天取经、喜羊羊和灰太狼等卡通动画中的人物或者是学生感兴趣的校园生活场景，学生往往会主动地选择自己感兴趣的活动去体验和发现。"问题性"是指情境中提出问题能使学生产生疑惑，激发学生的认知冲突，促进学生进行数学思考，寻求更多的发现与创造。分数基本性质这节课的引入关键是要让学生感受等值分数的存在，并迫切需要知道这个相等的理由。

3. 自主探索重开放

自主学习能力可以说是学生学会求知、学会学习的核心，它是一种在教师的科学指导下的创造性学习活动，把个人自学、小组交流、全班讨论、教师指点等有机地结合起来，使学生在互补促进中共同提高。在案例中，朱德江和武秀华老师的设计无不体现了让学生紧紧抓住为什么相等这一核心问题进行思考探索，这个探索的过程开放度比较大，允许学生用各种方式表达自己的理解，也真正体现了猜想—验证—应用的过程。

三、教学过程的综述

教学过程是教学活动的启动、发展、变化和结束在时间上连续展开的程序结构。在这里,我们根据分数基本性质这节课的主要知识点的发生过程进行综述。

(一)引导学生发现分数的基本性质

思考

你觉得分数基本性质的发现过程与什么有关,最关键的地方是什么?

设计1[①]

(1)直观演示,初步感知。要求学生根据分数的意义在透明胶片上以画好的一个圆为单位"1",分别表示出 $\frac{3}{4}$、$\frac{6}{8}$、$\frac{9}{12}$(如课本上插图)。利用投影将上面三个图形逐一进行叠加,说明三个分数相等,即

$$\frac{3}{4}=\frac{6}{8}=\frac{9}{12}$$

(2)动手操作,强化感知。要求学生将24根小棒分别平均分成4、8、12份,分别取3、6、9份,其中的3、6、9份是几分之几,是几根小棒。

观察,比较上述两个操作过程,平均分的份数和取的份数即分数的分母、分子都发生了变化(分别扩大2倍、3倍),而分数的大小不变(都是18根)。这是为什么呢?那么分数的分子、分母怎样变化时,分数的大小才不变呢?

(3)揭示本质。引导学生用语言进行概括:分数的分子和分母都乘相同的数(零除外),分数的大小不变。

设计2[②]

(1)验证、交流。你能用自己的方法来验证它们是否相等吗?各小组也可以借助老师提供的3张纸条进行验证。学生进行操作后汇报。

(2)探索规律。从左到右:① $\frac{1}{2}$ 是怎样变为与它相等的 $\frac{2}{4}$ 的? $\frac{1}{2}$ 是怎样变为与它相等的 $\frac{3}{6}$ 的?②请用一句话概括出它们的变化规律。学生小组讨论,然

①张培华.分数的基本性质教学设计[J].小学教学研究,1995(4):24.
②陈红云.分数的基本性质导学设计与评析[J].小学时代(教育研究),2011(1):116.

后汇报。谁能用一句话说出这些式子的变化规律?

（3）初步总结规律。

设计 3[①]

（1）形成猜想。

师：能不能根据分数与除法之间的关系将商的变化规律改写为与分数有关的性质?

生 1：可以把"被除数"看作"分子"，"除数"看作"分母"，"商"看作"分数值"。

（2）寻找验证方法。

师：这是一个大胆的猜想! 但能不能成立还需要我们对它进行验证! 请小组进行合作研究。

师：我们来梳理一下举例验证的步骤。第一步，写出一个分数；第二步，把它的分子和分母同乘或者同除以一个相同的数，得到一个新分数；第三步，看新分数与原分数的值是否相等。你觉得哪个步骤比较难?

生 2：第三个。

师：那如何验证两个分数是否相等呢?

（3）汇报交流。

（4）小结。

师：通过同学们的验证我们发现这个猜想是——

生：正确的!

师：这个规律是分数的一项重要性质，叫做分数的基本性质!（板书课题）

思考

对比上述三种不同的教学设计，你发现了哪些特点? 如果由你来设计发现分数基本性质的推导过程，你会怎样设计? 为什么?

（二）"猜想—验证"分数基本性质对教学设计的启示

以上三个设计中发现分数基本性质的过程代表了不同历史时期的教学理念在课堂中落地，但它们的核心是一致的，即"猜想—验证"，把分数基本性质紧密链接到分数的意义、商不变性质上去，沟通知识之间的联系。张培华老师注

[①]周小英.分数的基本性质教学设计［J］.小学教学参考（数学），2017（1）:73.

重演示操作，让学生在操作中发现同样多的小棒、平均分的份数，以及取的份数虽然不同，但是得到的小棒数量相同这一结论，从而发现这些份数之间的关系，也就是分数的基本性质；而陈红云老师是让学生自己去验证分数之间为什么相等，在验证的过程中发现规律；周小英老师是让学生根据除法中商不变性质直接猜想分数中的性质，再让学生小组合作验证这个猜想，发现分子、分母都不同的分数为什么相等的原因，很好地培养了学生的合情推理能力。

当然，以上三个设计对学生的要求会有所不同。我们在教学设计中应该根据学生的原有水平和知识经验，把握好学生真正的学习起点，或引导，或开放。那么，你所任教的班级学生真正的学习起点是怎样的？我们如何根据他们的现有水平来进行教学设计，这是我们要思考的问题。我们可以先做一些相关的学生研究，了解学生的学习起点，对分数基本性质的认识程度，这样我们的设计会更加贴近学生的实际，以达到较好的教学效果。

第二节　同课异构研究

在教学设计综述研究后，我们选取部分名师的课堂实录，而后通过自我阅读、团队对话等引发思考，并在上位知识、课程标准、教材研究、学生研究等研究成果基础上，重新梳理，重构课例。

在同课异构研究过程中，我们以"图式化"为核心，以一节节具体的课为课堂研究对象，以"一课多上""同课循环""同课异构"等研究形式推进，围绕精心设计的教学设计开展上课、观课、议课等系列活动，从而在多次生成中建构课例，以实际的课堂演示激起教师的共鸣，力求实现以"点的突破"带动"面的发展"。

那么，我们是以怎样的思路展开同课异构的呢？首先，我们先来回顾一下，教学设计所要关注的几个核心问题，也就是数学学习的"设计点"（见表6-1）。

表6-1 数学学习的"设计点"

设计与实践	教学关键问题
学习主题(中心任务)	怎样确定更有价值的学习内容? 用什么素材组织学习
学习目标(活动预期)	怎样确定有意义的学习目标(基础知识、技能,能力素养,活动经验等)
学习活动(学习过程)	怎样设计更能促使学生主动解决挑战性问题的学习活动
学习评价(达成反馈)	怎样设计更能促进学生高端思维发展的习题

思考

参考表6-1,你认为在分数基本性质这节课的教学中,"设计点"有哪些呢?

分数基本性质这节课的教学设计点有哪些呢? 如何设计分数基本性质的教学,进行"同课异构"呢? 我们尝试着从意义建构、学习方式、价值取向三个层面切入(见图6-1),基于不同的视角,会得到不同的体验,得到不同的领悟。

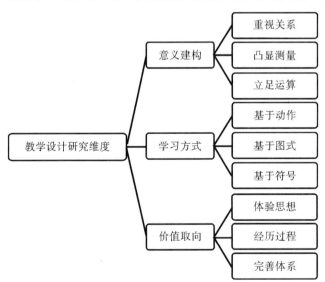

图6-1 分数基本性质教学设计的三个维度

其中,意义建构层面的同课异构主要从等值概念的不同理解维度来表述,学习方式层面的同课异构主要从图式化的不同思维水平层次来展现,价值取向层面的同课异构主要从一节课重点体现什么教学思想来演绎。

大家一定不会忘记，在上位知识、教材研究和学生研究中，我们曾经强调过分数有五个不同层级的意义，关于等值内涵的理解主要涉及"部分—整体"关系、测量意义和运算意义三个层次。而在理解等值时运用什么层次的图式化学习方式呢？我们说过学生的学习可以基于动作、基于图式与基于符号。每一节课都有我们想表达的不同理念，是以体验等价思想为主，还是以经历过程为主，抑或是以完善知识体系为主？在接下来的九个课例中，我们尝试着来回答这些问题。

这九个课例中，有些是我们原创的，有些是引用名家的，如朱乐平老师、刘琳娜老师的设计。我们很难说这三个层面中的九个课例是相互没有联系的并列结构，每一个课例之间肯定有其重叠之处，我们只能说每一种设计都力求突出一种教学价值，追求某一方面的教学目标，通过有侧重的教学设计探索不同的教学路径，从而对这节课建构起更为完善的教学体系。

事实上，意义建构、学习方式和价值取向本身是每一节课都需要关注与思考的三个层面，意义如何建构？目标如何达成？价值如何定位？都需要适合学生的学习方式来实现。因此我们相信，将局部放大的微观研究，会带动你对这方面的感性认识和理性思考，我们认为这是进行同课异构研究的意义所在。

一、意义建构：从等值概念的不同理解维度设计

前述韩玉蕾等人根据"部分—整体、比、商、测量、运算阐述"等五个层级来理解等值含义，并且也在阅读相关文献中发现，我国台湾省教材在认识分数基本性质（等值分数）时，分成了逐步推进的三个阶段：第一次，在分数的初步认识之后，从部分与整体层级意义上，借助面积图等理解等值分数；第二次，在分数再认识之后，拓宽等值内涵，理解等值性；第三次，研究分子分母扩充、合并的规律。

在前测中，我们也发现大多学生对分数基本性质的理解处于"部分—整体"这一层级，面积守恒是学生最广泛的认知经验基础，如何基于学生的经验设计教学？如何让学生从多层语义去理解性质？这些都是教学设计所需要考虑的主要问题。

基于这些思考，我们尝试这样来设计教学（见表6-2）。

表6-2 从等值概念的不同理解维度设计

课 例	学习工具	理解维度	教学推进
1	分数墙	整体与部分关系	基于关系，理解等值分数
2	面积模型 数线模型	测量意义	基于测量，经历"面积—数线"模型的抽象过程
3	算式	运算意义	基于运算，多层语义理解性质

接下来，我们结合具体的课例来阐释。

课例1：基于关系，理解等值分数

如何让学生更好地理解等值分数的内涵呢？我们发现，台湾省编版教材基于学生的生活经验和已有的知识经验，从具体的量到分率，在运用分一分、涂一涂、画一画、找一找等活动中理解分数的"等价类"思想。这样的编排让人耳目一新。由此，我们想在四年级这个学习阶段，参考台湾省编版教材的编写思路，以分数墙为载体，基于"整体与部分"的关系，引导学生经历一节探索等值分数的课程，帮助学生体会等价类思想，促进学生对分数等值意义的理解。

在教学中，主要试图凸显以下两点：

（1）以经验为依托。一方面是折一折、分一分、画一画等图式经验，另一方面是与分数相关的已有知识与生活经验。教学中，基于前测，引导学生借助直观的操作活动丰富等值分数的感性经验，让学生在多感官参与的思维活动中初步理解等值分数的内涵。

（2）让思维可视：以分数墙等为图式工具，通过读图、操作、画图等图像表征方式探讨在具体语境中使用的相等分数，让体会等值分数的过程直观可视，体会"等价类"思想。

1.课题：等值分数

（设计者：葛素儿；学习者：四年级学生）

2.教学目标

（1）通过"画一画""折一折""找一找""比一比"等方法在具体的语境中感受等值分数，透过不同的等分割活动，理解真分数的等值关系，初步理解等值分数的意义。

（2）给定整体量及部分量，能使用等值分数描述此部分量与整体量的关系。

（3）根据等值分数中分子、分母的内在规律，鼓励学生积极主动地探索更多的相等分数。

3. 教学过程

等值活动 1：发现 $\frac{n}{n}$ 和 1、$\frac{n}{n}$ 和 $\frac{m}{m}$（n、m 是非 0 自然数）的等值关系。

（1）观察分数墙（见图 6-2）：你能在这面墙中找到哪些分数呢（学生自由说）？

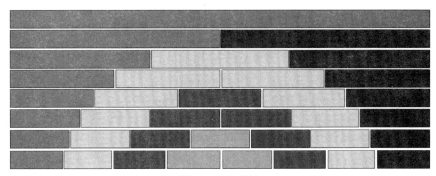

图 6-2 分数墙

（2）分解分数墙：你们知道这面墙是怎样形成的吗？老师把这面墙拆开，动态依次呈现 $\frac{1}{2}$、$\frac{1}{3}$、$\frac{1}{4}$，这些分数分别表示什么意思？那么 $\frac{2}{2}$、$\frac{3}{3}$、$\frac{4}{4}$ 又表示什么意思？它们之间有怎样的关系呢？请同桌互相说一说。

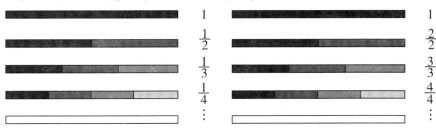

图 6-3 拆解分数墙

梳理，总结得出：$1 = \frac{2}{2} = \frac{3}{3} = \frac{4}{4} = \frac{5}{5} \cdots$

追问：你还能说出与 1 相等的其他分数吗？为什么这些分数可以用等号连接呢？

（3）揭示课题：像这样的分数我们就叫做等值分数，刚才我们找了与 1 相等的分数，你能找出与 $\frac{1}{2}$、$\frac{1}{3}$ 分别相等的分数吗？这就是这节课我们要研究的数学问题。

等值活动 2：发现与 $\frac{1}{2}$ 相等的分数。

（1）出示前测题 1：昨天老师请大家帮的忙，大家都给了我明确的答案。

孙悟空说，我把这块西瓜平均分成 2 块，每人 1 块吧。猪八戒很不开心地说：才 1 块，太少了太少了。孙悟空笑嘻嘻地说：那平均分成 4 块，每人 2 块，这回你满意了吧。

猪八戒连声说好，拿到西瓜后，又觉得哪儿不对。

你能用图将题目的意思表示出来吗？你觉得猪八戒得到的西瓜多了吗？

（2）反馈前测结果：你觉得猪八戒得到的西瓜多了吗？全班 36 名同学，认为没变的是 35 人，认为变了的是 1 人。那么 $\frac{1}{2}=\frac{2}{4}$ 吗？你认为用下面这些图来说明合理吗？

辨析 1：这位认为变了的学生是这样画图的（见图 6-4），因此他认为猪八戒多了 1 块，你怎么看？

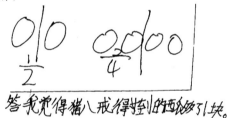

图 6-4　前测结果 1

辨析 2：你认为图 6-5 能说明 $\frac{1}{2}=\frac{2}{4}$ 吗？

图 6-5　前测结果 2、3

辨析 3：你认为图 6-6 能说明 $\frac{1}{2}=\frac{2}{4}$ 吗？你看懂了哪幅图？我们请这几位作者自己来说，还是你选其中一幅来说呢？这四幅图有什么相同的地方？

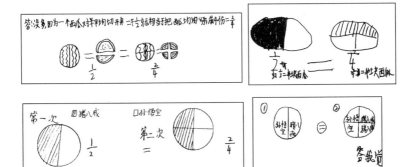

图 6-6　前测结果 4 ~ 7

（3）梳理，观察，提炼：$\frac{1}{4} = \frac{2}{4}$，你发现什么变了？什么不变？与 $\frac{1}{2}$ 相等的分数有哪些，你还能继续往下写吗？说说你是怎么找的。

等值活动 3：发现分别与 $\frac{1}{4}$、$\frac{1}{3}$ 相等的分数。

（1）发现与 $\frac{1}{4}$ 相等的分数。

1）自主探究：$\frac{1}{4}$ 与 $\frac{\square}{8}$ 相等，你能画图说明吗？独立尝试。反馈时呈现不同图式的作业纸，思考：这些图能说明 $\frac{1}{4}$ 与 $\frac{2}{8}$ 相等吗？谁能来解释一下？

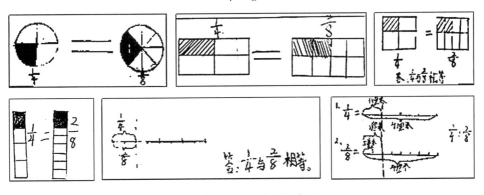

图 6-7　学生即时创作的数学图

追问：这些图有什么相同的地方？能让人一眼就看出这两个分数一样大吗？

2）出示前测题 2：这是昨天老师请你们解决的另一个问题，你现在知道这道题需要用什么知识来解答吗？

图中的阴影部分你能用哪些分数来表示？至少写 4 个，你能判断它们的大小吗？

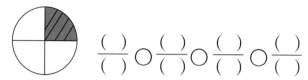

3）呈现前测结果：做对 8 人，做错 28 人。你能知道这些同学主要错在什么地方吗？

4）判断错例：错在哪里？你能说说为什么吗？

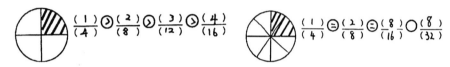

图 6-8　前测结果 8、9

追问：与 $\frac{1}{4}$ 相等的分数还有哪些？说说你是怎么找的。观察这些分数，你发现什么变了？什么不变？

（2）看图写数：与 $\frac{1}{3}$ 相等的分数有哪些？你还能继续往下写吗？说说你是怎么找的。

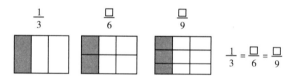

追问 1：你发现什么变了？什么不变？

反馈时将格子图转化为线段图，从测量意义上理解这三个分数在同一个点上。

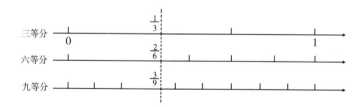

追问 2：那么哪些分数与 $\frac{2}{3}$ 相等呢？你能试着找一找、写一写吗？它们的分子、分母怎样变化？什么不变？

等值活动 4：结合具体情境，寻找与几分之几相等的分数。

（1）分苹果。

1）分一分，画一画，填一填：1盒苹果有12个，$\frac{4}{12}$盒是几个？ $\frac{1}{3}$盒是几个？

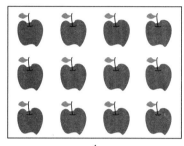

1盒苹果的$\frac{4}{12}$盒是（　　）。

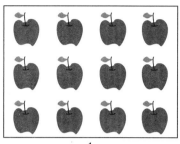

1盒苹果的$\frac{1}{3}$盒是（　　）。

2）想一想：1盒苹果有12个，$\frac{4}{12}$盒和$\frac{1}{3}$盒同样多吗？说说你的想法。

（2）想一想：15个布丁一包，小玲有$\frac{2}{5}$包，小丁有$\frac{6}{15}$包，谁的布丁比较多？你能自己把图画在脑子里，然后跟同桌说一说吗？

延伸：蜗牛2小时爬行5米，照这样的速度，6小时爬行几米？如果爬行30米，需要几小时？如果老师把它变变形，你能看懂吗？你能一下就说出答案吗？能用今天学习的等值分数这一知识来解释吗？

$$\frac{5\text{米}}{2\text{小时}} = \frac{(\ \ )\text{米}}{6\text{小时}} = \frac{30\text{米}}{(\ \ )\text{小时}}$$

等值活动5：在分数墙中寻找等值分数。

（1）思考：这节课我们学习了等值分数，你认为什么样的分数是等值分数？我们怎样找到一个分数的等值分数呢？引导学生说出：要找一个分数的等值分数，可以把分子、分母同时乘或除以一个相同的数（0除外）。

（2）刚才我们分别找了与$\frac{1}{2}$、$\frac{1}{3}$、$\frac{1}{4}$相等的等值分数，你能在分数墙中指一指，这些分数在哪里吗？你还能找到哪些等值分数呢？先在分数墙上涂一涂，然后再写一写。

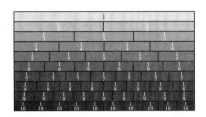 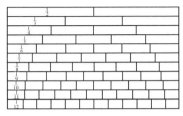

图 6-9　分数墙

> **思考**
>
> 　　这节课的设计与一般的"分数的基本性质"教学设计有何不同呢？你认为有没有必要在四年级增加这样一节以"等值分数"为主题的课程呢？这样的教学对学生的后续学习会产生怎样的促进意义呢？

　　反思这节课的设计，我们认为下面几个方面有其独到之处：

　　其一，整节课的学习以分数墙为可视化图式工具，从分数墙出发，再回到分数墙，借助可视化的图式，在观察、拆解分数墙的过程中，激活已有的知识经验，在寻找与 1 相等的分数过程中初步感悟等值分数的内涵。在分数墙的支撑下，引导学生用自己的图式经验表征等值关系，尝试概括与归纳等值分数的内涵以及找等值分数的方法，促进知识的自主建构。

　　其二，整节课基于前测结果的分析，从"部分—整体"的关系入手，借助图式，透过不同的等分割活动，引导学生在观察、比较、说理的可视化学习中理解分数组的等值关系。例如，$\frac{1}{2}$ 与 $\frac{2}{4}$ 等值关系的理解，寻找与 $\frac{1}{2}$ 相等的分数的过程，都立足于"部分与整体"的关系，结合图式让学生初步体会"等价类"思想。

　　其三，创设自主探究的数学情境，引导学生在画图中自觉运用不同的直观模型解释为什么 $\frac{1}{4}$ 与 $\frac{2}{8}$ 相等，以"部分—整体"关系理解为主，然后渗透"比""测量"意义等不同层级的等值分数的理解，在可视化的图像表征与语言解释中发现真分数的等值关系，进一步体会"等价类"思想。

　　其四，拓展知识的体验背景，引导学生在具体的生活情境中寻找与几分之几相等的等值分数，在理解具体量的等值关系基础上进一步理解等值分数的内涵，在二维和一维连续量图式理解的基础上，出现表示离散量的苹果图，这是对等值内涵的拓宽。而归一问题的引入是为后续比的基本性质的学习做一个远铺垫。

　　究竟有没有必要安排一节"等值分数"的概念课呢？如果让你做出选择，

你会如何选？我们曾在"一课研究"对外开放的研修活动中作过在线调查，调查结果如图 6-10 所示，有 81% 的老师认为需要。

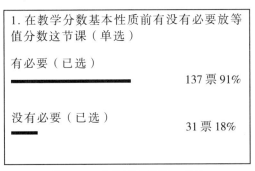

图 6-10　在线调查问题一结果

相信这样一节以理解等值分数为主线的课，会使学生对于"等值"概念的意义建构更深刻，会为学生今后学习分数基本性质、比的基本性质以及七年级的分式基本性质搭建扎实的"脚手架"。

课例 2：基于测量，经历"面积—线段"模型的抽象过程

Wong（2010）总结了掌握等值分数概念的学生拥有一套综合性知识，并能够明确表达下面的五个特征：①一个分数代表被某个参照单位所测量的量；②一个分数量能够通过分割面积、集合或数线模型来表示；③等值分数能够通过重新分割、组块的实物操作或图片表达方式来构建；④等值分数能使用符号来构建；⑤一个分数值是某个等值集中的一员，在该等值集中所有的分数代表同样的值。[①]理解等值分数这五个特征的困难之处是什么呢？韩玉蕾等在研究中指出：一是受自身运算思维发展水平的制约，未获得乘法思维和守恒观念；二是缺乏对等值分数不同语义的理解。前文也提到理解等值分数的另一个必要条件是获得守恒的概念，守恒分为两类，量的守恒和关系的守恒，对于五年级学生来说，教学的立足点肯定是以感悟量的守恒为主，借助面积模型和数线模型，引导学生从测量意义上去理解等值分数的内涵。

思考

　　在分数的基本性质教学中，如何引导学生经历面积模型到数线模型的抽象过程？如何基于直观模型提升分数基本性质内涵的理解呢？

[①]韩玉蕾，辛自强，胡清芬 . 等值分数概念的理解［J］. 心理发展与教育，2012（2）:210-217.

从前测中，我们发现大部分学生能基于面积模型理解部分与整体的意义，也有小部分学生利用数线理解测量层次的意义。基于学生这样的认知基础，我们设计了以下课例，尝试凸显以下两点：

（1）经历从正方形、长方形、圆形等分的面积模型到"数线模型"，再到线段等分的"数轴模型"的抽象过程，体会分数组之间的相等关系。

（2）引导学生在直观图的等分割活动中感受分数单位变化但大小不变的相等关系，通过不同分数所占面积大小一样和数轴上的同一点感悟等值内涵，强调等值分数测量意义层面的理解，在体会量的守恒过程中发现与归纳分数基本性质。

1. 课题

分数的基本性质

（设计者：章华萍，杭州市富阳区富春第二小学；指导者：葛素儿；学习者：五年级学生）。

2. 教学目标

（1）在折一折、画一画、说一说、找一找、用一用的过程中，借助直观模型理解分数组之间的相等关系，经历发现分子、分母之间的变化规律的过程，尝试归纳分数的基本性质。

（2）学会初步应用分数的基本性质，能把一个分数化成分母、分子不同而大小不变的分数，为学习约分和通分打好基础。

（3）发展观察、分析和抽象概括的能力，在探究验证的过程中感悟数形结合、归纳验证的数学思想。

3. 教学过程

活动一：折一折

（1）看图想分数：看到这个图，你能想到哪些分数？ 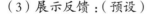 （$\frac{1}{2}$, $\frac{2}{4}$, $\frac{4}{8}$, …）这些分数有什么关系？

（2）动手操作：这几个分数是否真的相等呢？先用白纸折出其中的两个分数，再比一比它们是否相等？想一想为什么相等？

（3）展示反馈：（预设）

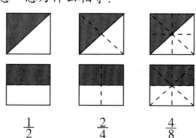

$\frac{1}{2}$ $\frac{2}{4}$ $\frac{4}{8}$

活动二：画一画

（1）请你们举一个例子。$\dfrac{(\ )}{(\ )} \bigcirc \dfrac{(\ )}{(\ )}$。

（2）在下面的长方形里，分一分，画一画，验证这两个分数是否相等。

（3）同伴交流这两个分数为什么会相等？或为什么不相等？

活动三：找一找

$$\dfrac{1}{2} \quad \dfrac{3}{4} \quad \dfrac{6}{8} \quad \dfrac{3}{5} \quad \dfrac{12}{16}$$

（1）找一找：上面这些分数中，相等的有（　　　　　　　　）。

（2）画一画：你能把这些相等分数在直线上找出来吗？

活动四：说一说

（1）找一找与 $\dfrac{3}{5}$ 相等的分数？$\dfrac{3}{5} = \dfrac{3\Box(\ )}{5\Box(\ )} = \dfrac{(\ )}{(\ )}$

（2）说一说你发现了什么，试着用一句话完整地说一说。

活动五：用一用

（1）根据分数的基本性质，把 $\dfrac{2}{3}$ 和 $\dfrac{10}{24}$ 化成分母是 12 而大小不变的分数。

$$\dfrac{2}{3} = \dfrac{2 \times (\ )}{3 \times 4} = \dfrac{(\ )}{12} \qquad \dfrac{10}{24} = \dfrac{10 \bigcirc (\ )}{24 \bigcirc (\ )} = \dfrac{(\ )}{12}$$

（2）把 $\dfrac{2}{3}$ 和 $\dfrac{3}{4}$ 都化成分子是 6 而大小不变的分数。

（3）填一填：$4 \div 10 = 2 \div (\ ) = \dfrac{(\ )}{12} = (\ )$ 填小数

反思这节课，学生大致经历了这样的学习过程（见图6-11），在这节课的教学过程中，我们认为以下几点有着独到之处：

图6-11　课例2的学习推进环节

其一，模型的建构经历了从二维到一维的抽象过程。教学中，教师先用长方形模型折出 $\dfrac{1}{2}$ 的等值分数，再利用数线模型找几分之几的等值分数，接着在线段模型上体验等值分数在同一个点上，在此基础上引导学生发现规律，得出结论。这样的知识以鲜活的图式为支架，以亲身经历为保证，学生对知识的理解必然是深刻的。

其二，等值的理解基于测量的意义展开，在量的守恒思想的体悟中发现规律，得出结论。在前测中我们发现，面积模型与数线模型相比，学生对数线的活动经验积累远不如面积模型。既然学生对于测量意义理解是不够的，数线模型的体验是缺乏的，课堂上我们就需去强化这一载体，在以表示"部分—整体"面积模型引入的基础上，将精力集中在数线模型的体悟上，丰富学生的经验，促进意义建构。

课例 3：基于运算，多层语义理解性质

从"运算"层面来理解等值，可以从两个层级来分析：一是在商的意义下，等值指两个除法运算的结果相等。二是在算子意义中，等值表示两个量之间具有确定的转换关系。在前测中，我们已经发现，尽管商不变性质是四年级的教学内容，但能主动用商不变性质去说明两个分数相等的学生仅占 1.1%。而算式意义层面的理解就更难了，这种转化涉及学生理解等值的另一个学习障碍，即乘法思维。在学生研究中，我们曾说过，从前测中抽取的 11 个学生样本来看，对于分数存在整数倾向，如认为 $\frac{4}{6} > \frac{2}{3}$，$\frac{9}{12} > \frac{3}{4}$，即分子、分母的整数大，分数就大。在判断两个分数是否相等时，我们首先需要确认两个量之间是否有相对等的乘法关系。乘法思维的缺乏，阻碍着这个层面的意义建构。

既然如此，分数基本性质的教学还能基于运算层面来设计吗？我们认为，肯定是可行的。事实上，大陆六套教材中有大量用算式表征的等式（见图 6-12），让学生在乘与除的过程中发现分子、分母的变化规律，从而得到分数的基本性质，以"运算"思路推进教学。

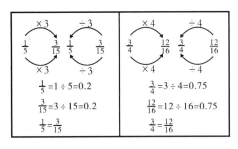

$$\frac{1}{2} = \frac{1 \times 2}{2 \times 2} = \frac{2}{4} \qquad \frac{1}{2} = \frac{1 \times 4}{2 \times 4} = \frac{4}{8} \qquad \frac{8}{12} = \frac{8 \div 2}{12 \div 2} = \frac{4}{6}$$

$$\frac{8}{16} = \frac{8 \div 2}{16 \div 2} = \frac{4}{8} \qquad \frac{8}{16} = \frac{8 \div 8}{16 \div 8} = \frac{1}{2} \qquad \frac{1}{2} = \frac{2}{4} = \frac{4}{8} \qquad \frac{8}{12} = \frac{8 \div 4}{12 \div 4} = \frac{2}{3}$$

图 6-12　青岛版、苏教版、浙教版、北师版等相关教材

> **思考**
>
> 　　基于运算意义来推进教学，学生具象性的思维特征与抽象性的知识如何协调？如何让学生把抽象的概念与头脑中的表象联系起来，促进意义建构呢？

　　基于运算意义层面，如何设计教学呢？虽然挑战很大，但我们也进行了实践。在下面这节课的设计中力求体现以下两点：

　　（1）引导学生自主用图式表征等手段把抽象的概念与头脑中的表象联系起来，引导学生对知识进行主动对接与转换，用形象的手段解释抽象的数学，促进意义建构。

　　（2）引导学生用分数与除法的关系理解等值变化，强调与商不变性质建立联系，凸显算式表征的过程，进而主动"翻译"成揭示分子、分母之间规律的图式表征，建立商不变性质与分数基本性质的联系，并为比的基本性质埋下伏笔。

　　1. **课题：分数的基本性质**

　　（设计者：徐军红，杭州市富阳区湖源乡中心小学；指导者：葛素儿；学习者：五年级学生）

　　2. **教学目标**

　　（1）能从分数与除法的关系、商不变性质、画图等不同的角度说明两个分数是否相等，能用等式表征两个分数中分子、分母的变化规律，理解等值内涵，发现分数基本性质。

　　（2）在探索分数基本性质的过程中，经历观察、比较、归纳、概括等数学活动过程，能有条理地、清晰地阐述自己的观点，发展推理能力。

　　3. **教学过程**

　　（1）回顾引入，回顾分数的相关知识。

1）你能结合 $\frac{1}{2}$ 说一说学过的有关分数知识吗？（预设：分数意义、分数单位、分数与除法关系。）

2）你能尝试说出与 $\frac{1}{2}$ 相等的分数吗？（预设：$\frac{2}{4}$，$\frac{4}{8}$，$\frac{8}{16}$。）

（2）自主发现，多层面理解相等关系。

1）操作验证：这几个分数真与 $\frac{1}{2}$ 相等吗？请用你学过的方法证明。

汇报交流：

方法一：借图说明，从图中可以看出分数的大小关系是怎样的？为什么？

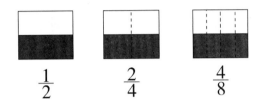

方法二：根据分数与除法的关系，通过计算，发现 $\frac{1}{2} = \frac{2}{4} = \frac{4}{8} = 0.5$。

方法三：通过商不变性质说明分数之间的相等关系，初步发现分子、分母的变化规律。

$1 \div 2 \bigcirc 2 \div 4$ $\downarrow$ $\frac{(\ )}{(\ )} \bigcirc \frac{(\ )}{(\ )}$	$1 \div 2 \bigcirc 4 \div 8$ $\downarrow$ $\frac{(\ )}{(\ )} \bigcirc \frac{(\ )}{(\ )}$	$1 \div 2 \bigcirc 8 \div 16$ $\downarrow$ $\frac{(\ )}{(\ )} \bigcirc \frac{(\ )}{(\ )}$

$$\frac{1}{2} = \frac{1 \times (\ )}{2 \times (\ )} = \frac{2}{4} \qquad \frac{2}{4} = \frac{2 \div (\ )}{4 \div (\ )} = \frac{1}{2}$$

$$\frac{1}{2} = \frac{1 \times (\ )}{2 \times (\ )} = \frac{4}{8} \qquad \frac{4}{8} = \frac{4 \div (\ )}{8 \div (\ )} = \frac{1}{2}$$

$$\frac{1}{2} = \frac{1 \times (\ )}{2 \times (\ )} = \frac{8}{16} \qquad \frac{8}{16} = \frac{8 \div (\ )}{16 \div (\ )} = \frac{1}{2}$$

2）举例说明：先创造一组相等或不相等的分数，再用自己喜欢的方式（画一画或算一算）说明为什么相等或为什么不相等。

$$\frac{(\ )}{(\ )} \qquad \bigcirc \qquad \frac{(\ )\square(\ )}{(\ )\square(\ )} \qquad \bigcirc \qquad \frac{(\ )}{(\ )}$$

你想的分数　　分子分母怎么变化　　变化出的分数

3）探索规律：你发现了什么？请你用一句话完整地说一说。

写一写：$\dfrac{2}{3}=\dfrac{2\bigcirc\square}{3\bigcirc\square}=\dfrac{(\quad)}{(\quad)}$（写得完吗？所有数都可以填吗？）

（3）知识应用。

1）填一填：$\dfrac{3}{5}=\dfrac{3\times2}{5\times(\quad)}=\dfrac{(\quad)}{(\quad)}$　　　$\dfrac{6}{15}=\dfrac{6\div3}{15\bigcirc(\quad)}=\dfrac{(\quad)}{(\quad)}$

$\dfrac{10}{24}=\dfrac{10\bigcirc(\quad)}{24\bigcirc(\quad)}=\dfrac{(\quad)}{(\quad)}$　　$\dfrac{8}{10}=\dfrac{(\quad)}{5}$

2）填一填：$\dfrac{(\quad)}{(\quad)}=\dfrac{4}{5}=4\div(\quad)=(\quad)\div(\quad)$

3）比一比：在○里填上＞、＜或＝。

$\dfrac{3}{7}\bigcirc\dfrac{5}{7}$　　$\dfrac{7}{5}\bigcirc\dfrac{7}{6}$　　$\dfrac{6}{10}\bigcirc\dfrac{2}{5}$

4）想一想：小蜗牛 5 小时爬行了 3 米，求小蜗牛的爬行速度。按这样的速度爬行，它爬 6 米需要多少时间？ 15 小时爬行几米？（分步动画呈现，如图 6-13 所示，你发现了什么？）

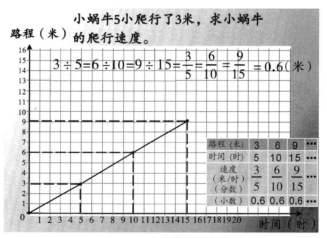

图 6-13　速度情境课件截图

反思这节课，我们认为有以下几个亮点：

其一，自主寻找与 $\dfrac{1}{2}$ 相等的分数，通过多元表征感悟等值内涵，帮助学生建立数学符号与内在的心理表征之间的联结，在图式表征的基础上让学生经历从商不变性质到分数基本性质转化的过程，初步建立分数与运算的联系。

其二，在创造相等分数、尝试用画一画、算一算的方法说明等值关系的过程中，在等值分数多语义、多种表征形式自主切换的过程中，进一步强化在运算层面上理解等值内涵，发现规律，归纳出结论。这个过程中，学生的经历是深刻的。

其三，利用速度情境，联系除法与分数的关系，渗透"比"的理解。这个环节一方面是在具体的情境中与旧知识建立联系，另一方面也是为后续知识埋下伏笔，将等值分数的"运算"意义体现得更为透彻。

Post 等人（Post, Wachsmuth, Lesh & Behr, 1985）指出，学生获得等值分数概念的重要标志之一是能够在一个表征模型内部进行弹性转换，以及在不同的表征模型间进行弹性转换。Wong 和 Evans（2007）也提出，学生必须认识到不同语义之间的一致性和差异性，并在这些语义之间建立联系，才能够正确理解和运用等值分数的概念。从这个层面理解，无疑这节课的内涵是极为丰富的。

二、学习方式如何选择：从图式思维的不同水平来设计

小学生的思维正处于具体演算阶段，需要图式思维作为支撑。图式思维可以让学生将自己的数学思想以直观的形式表达出来。例如，通过上面的三个教学案例，我们可以发现，不同意义的建构，都需要借助图式直观方得以实现。布鲁纳的认知理论告诉我们，概念的获得需要让学生经历动作表征—图像表征—符号表征三个阶段。分数基本性质的学习应以此为主要方式。在教学中，教师尽可能让图式思维的可视化、结构化、模型化等功能最优化（见图 6-14）。

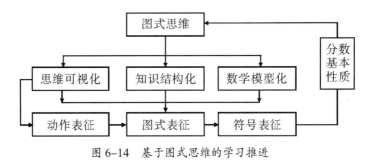

图 6-14 基于图式思维的学习推进

思考

你还记得我们在学生研究中对学生已有图式水平的分析吗？你认为，基于图式思维的不同水平在教学中可以如何体现呢？各自的优势在哪里？

在前测中，我们已经发现有一半以上的学生在试图说明两个分数相等时会想到画图，说明学生具备相关的活动经验。那么，如何基于不同的图式水平引导学生自主学习呢？我们尝试从这三个不同的思维层次来设计教学（见表6-3）。

表6-3　从图式思维的不同水平来设计

课　例	教学推进	图式化水平
4	折一折，摆一摆，找等值分数 说一说，理一理，完善分数墙	动作表征
5	读图表征，感知理解 读画结合，理解应用 画图表征，建立联系	图式表征
6	借助整数、小数、分数集合图，寻找相等数， 多种性质相互沟通，促进知识融会贯通	符号表征

接下来，我们就借具体的教学设计来演绎说明。

课例4：动手操作，借助动作直观演绎推进

学生已经有了广泛的、较高的读图、画图水平，还需要动手操作吗？动手操作有什么价值呢？我们认为，学生亲历操作活动所获得的经验有利于思维活动的顺利进行。例如，在教学中，我们可以让学生在折一折的过程中，感受份数的变化，为发现分数的基本性质建立直观的表象基础。也可以让学生通过涂色，深化分数与面积的对应关系，对所涂色区域形成强烈的认同感和较高的关注度，从而使学生对分数的等值性留下深刻的印象。

如何借助动作直观演绎推进？教材给了我们很多启示，例如，苏教版、浙教版（见图6-15）的引入部分就是借助动手操作。我们结合教材提供的思路进行了尝试，例如课例1的引入环节就是从折一张正方形的$\frac{1}{2}$的动手操作开始的，取得了很好的效果。那么除此之外，还有其他思路吗？在文献研究中，我们惊喜地发现了刘琳娜老师的设计！精彩的教学将动作表征的价值发挥得淋漓尽致。下面我们就一起来解读一下刘老师的教学设计。

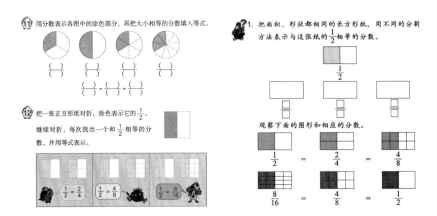

图 6-15　苏教版、浙教版教材

刘琳娜老师认为："分数单位形成的能力会影响学生的等值分数概念，学生能否在图形中找到适当的分数单位，将原来小的分数单位重新化聚，再利用找到的这个分数单位组成全部的图形，是学生理解等值分数问题的关键。"她的教学设计凸显以下两点：

（1）聚焦分数单位。以彩带拼摆成的分数墙面为思维工具（见图 6-16），基于"量的守恒"，经历由分数单位累加寻找等值分数的过程，在"度量"中寻找等值分数，经历动作语言转化成文字语言再转化成符号语言的多元表征转换过程，体悟分数单位变化而大小不变（纸带长度不变），理解等值的内涵。

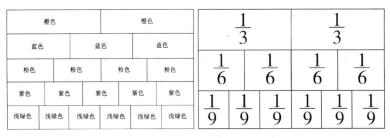

图 6-16　苏教版、浙教版教材

（2）借助操作内化。以拼摆操作为主要学习方式。通过多次不同思维层次的操作彩色纸条，让学生经历从直观感知到发现并总结规律的过程，沟通与商不变性质之间的关系。

1. 课题：分数的基本性质

（设计者：刘琳娜[①]；学习者：五年级学生）

2. **教学目标**

（1）经历操作、观察、讨论和交流等活动过程，体会分数单位在寻找等值分数中的变化和价值，进一步巩固对分数意义的理解。

（2）正确理解和掌握分数的基本性质，能运用分数的基本性质找到等值分数，解决简单的数学问题。

（3）培养观察、比较、归纳、总结概括能力，进一步体验数学学习的乐趣。

3. **教学过程**

（1）尝试拼摆，熟悉活动材料，引出"分数单位"。

教师出示一条橙色的纸条，请同学们前后4人一小组，拿出信封中的活动材料，谁能用自己手里的纸条拼摆出跟橙色纸条一样长的纸条？拼的时候发现了什么？

还有谁能用跟他不一样的颜色来拼摆？你们又发现了什么？

教师出示红色的纸条（单位1），放在橙色纸条的上方：如果这个红色纸条是单位1，你认为黑板上这些颜色的纸条分别可以用哪个分数来表示？这些分数有什么共同之处？那么你们手里的纸条呢？试试看。

（2）第一次拼摆，寻找等值分数。

1）现在要求每行只能用同一种颜色的纸条进行拼摆，请与你的同伴研究研究，看看你们有什么发现，并用文字记录下你的发现。

2）请将你们的发现用分数的形式表述出来，并讨论你们的发现。

3）全班交流，教师记录大家发现的等值分数并用等号连接。

（3）全班讨论，归纳总结"分数的基本性质"。

1）从拼摆的纸条上看，这些分数的大小都相等，谁能边操作纸条边说说它们为什么相等呢？

2）我们不看纸条了，看着式子说说，这些相等的分数，分子、分母是怎样变化的？在这一规律中，要注意什么？（同时、0除外）

---

①刘琳娜. 在把握基本思想中设计学习活动——对"分数基本性质"一课的思考[J]. 江西教育，2013（6）：12–15.

3）通过这样的变化规律，你想到了什么？（沟通与商不变性质的关系）

4）我们手里的纸条是有限的，如果继续这样分下去，还能不能找到更多的等值分数？谁还能再举出与黑板上分数大小相等的分数？这样的分数有多少个？

5）刚才在摆纸条时，每一张小纸条都代表了一个分数单位，那么黑板上这些分数，它们的分数单位都是什么？为什么分数单位不同，它们还能相等呢？（回扣"分数单位"，进一步巩固对"分数单位"的理解）

（4）灵活运用，进一步理解分数的基本性质。

1）将 $\frac{2}{3}$ 和 $\frac{6}{24}$ 都化成分母是 12 而大小不变的分数，并记录下分子和分母的变化过程。

2）深化拓展，巩固提高。完成书本"做一做"，完成之后同桌互相说一说是怎么想的。

（5）第二次拼摆，积累数学活动经验。

1）各组可以随意进行拼摆，再与同伴研究研究，看看你们有什么新的发现，并用文字记录下你们的发现。

2）请将你们的发现用分数的形式表述出来，并讨论你们的发现。

3）全班交流，教师记录大家的发现。

4）其实，在这些不同色的纸条中，还有很多关于分数的秘密可以去探究，希望大家课后能够继续去发现，用自己喜欢的方式进行记录并互相交流。

刘琳娜老师的教学设计聚焦分数单位，从度量的层面来理解等值，贴近学生的认知经验，直指分数基本性质的核心内涵，正如她说的："把握学科本质是一切教学法的根，只有整体分析教学内容及其背后的学科本质，才有可能设计出有价值的学习活动。"我们认为，这节课的最精彩之处在于：

其一，基于动手操作经验积累，形象直观地理解份数变化与单位大小的补偿关系，方法新颖而有效，生动且深入。在前测中我们发现，竟然已经有 91.1% 的学生能判断两个分数是否相等，超过一半的学生想到了画图表征，那么动手操作还有没有必要？事实上，学生只是"表面知道"，而并非"知其所以然"，前面教材研究中曾说过，"教学时，我们总是在寻找适合学生的切入点与兴奋点，直观具体的动手操作就是这样一种能有效激发学生参与热情的学习方式"。刘琳娜老师的课生动地诠释了动手操作对于理解抽象概念的重要价值。

其二，基于分数单位的理解，体验性质的核心价值。从前测中我们也发现，要想真正理解异分母分数比大小，加减运算为什么要通分、约分，其本质就是要理解相同分数单位才能进行运算，刘老师的案例通过分数单位的拼摆来理解等值分数，为后续的学习搭建了脚手架。这样的教学，具有生长力！

课例 5：读画结合，借助图式直观演绎推进

为什么要基于图式化理解分数的基本性质？基于图式理解是贴近学生认知实际的教学情境。在教材研究中我们发现，国内现行的六套教材都非常注重直观图的表征。同时，通过前测我们发现有 59.5% 的学生选用直观图说明两个分数为什么相等，可见直观图式是学生最容易理解也最贴近学生认知经验的方式。

如何通过读画结合推进教学呢？在下面的教学中，我们力求凸显以下两点：

（1）从读图出发，用画图内化。通过前测，有 72.6% 的学生能正确看图写分数并判断大小，但是能正确画图说明两个分数为什么相等的却只有 39.5%，因此我们将从读图出发，训练学生的画图能力，提升数学语言表达水平。

（2）先理解等值分数，再观察发现规律。前测显示只有 20.5% 的学生能通过观察几组相等分数总结分数的基本性质，有 33.5% 的学生用"因为分子分母同时扩大或缩小相同的倍数，所以分数大小不变"来说明分数相等。将教学聚焦在"等值"的理解上，在此基础上发现规律，可以避免分数的基本性质成为"只是老师教给学生一个机械的技巧"。

1. 课题：等值分数

（设计者：张君霞；学习者：四年级学生）

2. 教学目标

（1）通过看图写分数，根据分数填图，将等值分数理解直观图式化。

（2）通过说明两个分数为什么相等，提升画图水平，培养学生语言表达能力。

（3）通过分数墙观察等值分数，理解构造不同分数单位等值分数的方法。初步感知等值分数分子分母的变化规律。

3. 教学过程

（1）读图表征，感知理解。

1）前测反馈。

图中的阴影部分，你能用哪些分数来表示？（至少写 4 个）

你能判断这些分数的大小吗？说说你的理由。

$$\frac{(\ )}{(\ )} \bigcirc \frac{(\ )}{(\ )} \bigcirc \frac{(\ )}{(\ )} \bigcirc \frac{(\ )}{(\ )} \bigcirc \frac{(\ )}{(\ )} \bigcirc \frac{(\ )}{(\ )}$$

理由：_____

出示典型答案（见图6-17）：如 $\frac{1}{2} = \frac{2}{4} = \frac{3}{6} = \frac{4}{8} = \frac{5}{10}$ 等。

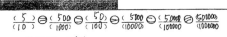

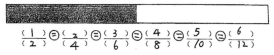

图6-17　前测一的作业单举例

2）看图形，比大小。

师：你们能看懂这些同学表达了什么意思吗？他们是怎么想到这些分数的？

师：像这些分数，都表示长方形的一半，表示阴影部分的面积大小相等，我们就说这些分数为等值分数，记作：$\frac{1}{2} = \frac{2}{4} = \frac{3}{6} = \frac{4}{8} = \frac{5}{10}$。

师：这是什么意思？（指图6-17第三张作业单：分数分细）

师：他的意思是说，这些分数是在 $\frac{1}{2}$ 的基础上把份数越分越细，表示的份数也越来越多是吗？与 $\frac{1}{2}$ 相等的分数还有吗？这些份数是怎么变化的呢？大家一起拿起手中的纸条折一折、涂一涂，让我们好好研究研究。

3）看份数，明变化。

每组请一个学生，将纸条张贴在黑板上。

生：$\frac{1}{2} = \frac{2}{4}$，原来平均分成2份，现在平均分成了4份；涂色的部分由1份变成了2份。

学生边说边演示课件，并板书分子分母的变化规律。

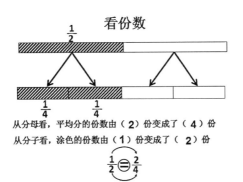

师：看份数，分母由原来的 2 份变成了 4 份，分子由原来的 1 份变成了 2 份，就是把 1 份变成了 2 份，1 个 $\frac{1}{2}$ 变成了 2 个 $\frac{1}{4}$。（板书看份数；课件演示）

生：$\frac{3}{6}$ 是把彩带平均分成 6 份，取 3 份。

生：由原来的 1 份，分成了 3 份，原来取 1 个 $\frac{1}{2}$，现在取 3 个 $\frac{1}{6}$。

……

学生边说边课件演示。

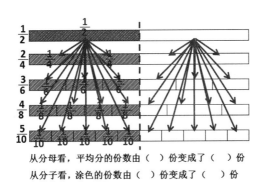

4）总结交流。

师：刚才我们是通过什么发现两个分数是否相等的？

生：看图形比大小。

师：它们的份数是怎么变化的？

生：分子和分母同时扩大相同的倍数。

师：刚才我们是从上往下看，是一个不断分裂的过程，我们看一件事物，从不同的角度看,结论不一样,如果我们从 $\frac{5}{10}$ 开始往上看,份数又是怎样变化的?

生:分子和分母同时缩小相同的倍数。

师:从图上我们可以发现这两个分数是否相等,而且还发现了份数的变化规律。这幅图一目了然,帮助我们发现了等值分数的奥秘。

(2)读画结合,理解应用。

师:同学们的读图能力真了不起,在一幅图中找出了这么多等值分数,接下来老师要考考同学们是否真的会读图了,你们能从下图中找到哪些等值分数,它们的份数发生了怎样的变化?

1)看图写分数,根据分数涂一涂。

$\frac{(\ )}{3} \bigcirc \frac{(\ )}{(\ )} \bigcirc \frac{(\ )}{(\ )}$

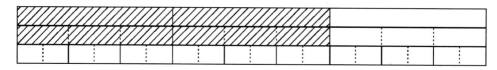

2)说一说分子分母份数的变化规律。

从分母看,平均分的份数由(　)份变成了(　)份,扩大了(　)倍。

从分子看,涂色的份数由(　)份变成了(　)份,扩大了(　)倍。

3)你能用一句话概括你的发现吗?

(3)画图表征,思维可视。

师:刚才,我们不但能从图上看出等值分数的特点,还能根据理解推导出 $\frac{2}{3}$ 的等值分数。有动手,有思考,是非常棒的学习方式。接下来又要提高挑战难度了,你们会解决问题吗?你们的作图水平如何呢?

1)出示前测题:猪八戒分西瓜。

孙悟空说:"师弟你能吃,我把这块西瓜平均分成4块,给你3块吧?"

猪八戒很不开心地说:"才3块,太少了太少了。"

孙悟空笑嘻嘻地说:"那平均分成8块,给你6块吧,这回你满意了吧。"

猪八戒连声说好,拿到西瓜后,又觉得哪儿不对。

你能用图将题目的意思表示出来吗?你觉得猪八戒得到的西瓜多了吗?

2)交流反馈典型答案(见图6-18)。

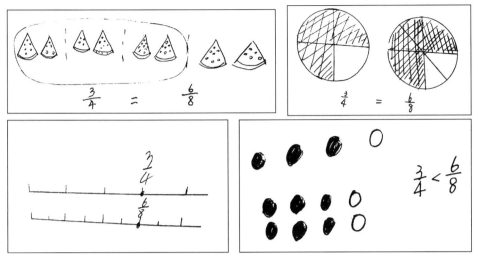

图 6-18　前测二的作业单举例

从两个层面反馈：错例（单位 1 不统一）；正例（不同图式表征等值分数；等值分数表示线段上同一个点）。

（4）组建分数墙，完善等值理解。

师：刚才我们利用同一个长方形，分别找到了分母是 2、3、4、6、8、9、10 的分数的等值分数，好像还不太完美。（边说边板书贴纸条）

生：还有分母是 5 和 7 的分数。

师：这些分数有没有等值分数呢？你可以在我们组建的分数墙上涂一涂来说明，也可以自己画图找到它们的等值分数。

你能找到分母是 5、7 的等值分数，并想办法说明它们为什么相等吗？

$\dfrac{4}{5}=\dfrac{(\ \ )}{(\ \ )}$　　$\dfrac{(\ \ )}{7}=\dfrac{(\ \ )}{(\ \ )}$

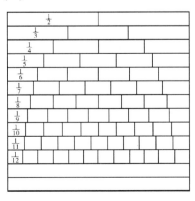

（5）回顾反思，迁移应用。

师：今天你学会了什么？是怎么学会的？

生：等值分数，通过画图理解了等值分数的变化规律。

师：读图画图这种方法在数学学习当中作用很大。（出示几组教材中典型的看图解决问题的实例）

这节课以图式表征为主要学习方式，让学生经历发现规律的过程，在活动中理解等值内涵，这是一节成功的课。

读图是图式思维的第一步，是学生获取数学知识的重要方法与技能，通过读图活动让学生感知理解分数的基本性质，建立直观表象。在这节课中，教师灵活运用直观图式，引导学生从读图开始，初步感悟分数组之间的相等关系，感悟分子分母的变化规律。

图式表征是图式思维的核心环节，教学中以直观图式为支架，将学习过程中的思考方法和看不见的"思维路径"以图像的手段表现出来，引导学生经历从读图到画图再到发现归纳的过程，在创造分数墙的过程中，感悟分子、分母的变化规律，发现分数的基本性质。

"数"从图中来，"数"回图中去，以读图为入口，通过画图、归纳等手段对数学进行生成性加工，这是图式表征的重要环节。只有经历不同数学语言不断转化、互译的过程，才能使学生的直觉、形象思维上升到理性思维的层次。

课例 6：符号表征，借助纯数学情境推进

如果脱离了动作、图式，能不能借助纯数学情境之间的沟通演绎来理解分数基本性质呢？

读图、表征和互译是图式思维最核心的三个不同思维层次的元素。前两个课例我们主要从动手直观、读图分析、画图表征几个形象直观的维度来理解等值分数，那么如何引导学生在数学内部知识体系中沟通知识之间的联系呢？数学概念中最本质的属性用恰当的图形演示出来，尝试用数学语言表征，经历基于动作的思维向基于形象的思维再向基于符号与逻辑的思维转换，就可以为建构数学概念奠定基础。

与基于动作、基于图式的学习相比较，这样的教学设计抽象度更高，对于学生来说具有很大的挑战性。如何推进呢？朱乐平老师给我们呈现了一堂别开生面的课。朱老师的教学设计从"集合"引入，借助纯数学情境推进，非常精彩地展现了数学系统内部演绎推理的过程。

（1）通过男同学集合、女同学集合、8月份出生的同学集合等生活事件，理解什么是集合。

（2）在数的集合中寻找相等的数。

　　　自然数集合　　　　　　小数集合　　　　　　分数集合

1, 2, 43, 584, 15, 0, 600, 6, …　　　0.1, 3.8, 0.70, 87.50, 4.00, 0.7, …

1）在自然数集合中，你能找到两个相等的数吗？

2）在小数集合中，你能找到两个相等的数吗？

得出小数的基本性质：大小不变，计数单位变了。

3）在分数集合中，你能找到两个相等的分数吗？如果有，请说明为什么？

请每一个同学安静地独立思考解决这个问题。

以小组为单位，交流你们的想法，并准备向全班汇报（确定一个代表发言）。

（3）利用线段图和面积说明两组分数相等，总结分数的基本性质。

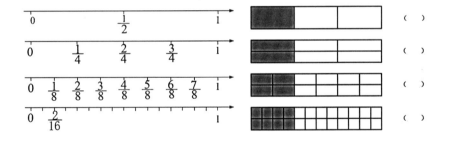

（4）填空，并说一说，下面这些分数的分数单位分别是多少？（完善分数的基本性质：0除外）

$$\frac{2}{7} = \frac{2 \times (\ )}{7 \times 3} = \frac{(\ )}{(\ )} \qquad \frac{2}{7} = \frac{2 \times 5}{7 \times (\ )} = \frac{(\ )}{(\ )}$$

$$\frac{3}{9} = \frac{3 \times (\ )}{9 \times 3} = \frac{(\ )}{(\ )} \qquad \frac{4}{8} = \frac{4 \div 2}{8 \div (\ )} = \frac{(\ )}{(\ )}$$

$$\frac{8}{9} = \frac{8 \times (\ )}{9 \times (\ )} = \frac{(\ )}{(\ )} \qquad \frac{3}{9} = \frac{3 \div (\ )}{9 \div (\ )} = \frac{(\ )}{(\ )}$$

（5）打通数的集合，找相等的数。

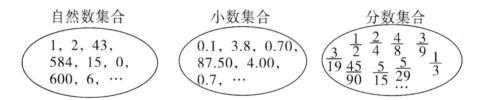

| 自然数集合 | 小数集合 | 分数集合 |

可以找到一个小数与一个自然数相等吗？

可以找到一个分数与一个自然数相等吗？

可以找到一个分数与一个小数相等吗？

（6）总结回顾。

想一想，今天这节课我们先做什么？再做什么？通过学习你有什么收获？

美国德里斯特尔在《学习心理学》一书中，将学习方法分为拆解法和并整法。拆解法指当面对的是既成的一套知识系统时，最好的方式是先将整套知识分拆为局部（子系统），了解个别部件（子系统）本身的意涵、整体与子系统间的关联，以及部件与部件之间的关联性，即能透彻了解整个事物的含义。①

朱老师的课例从整数、小数、分数三个集合引入。首先，引导学生对比小数、分数、除法的基本性质。从一个集合找相等的数引入，又以"分别找出相等的整数、小数、分数"为课堂小结，打通三个集合，用运算基本性质将它们不断伸展，学生发现并推断出 $6=6.0=\dfrac{30}{5}=\dfrac{12}{2}=30\div5=12\div2$，一个等式就把小数基本性质、分数基本性质以及商不变性质这些相关联的知识全部打通，发现本质关联。

其次，大小不变，计算单位变了。以小数的基本性质，引导学生回顾整数、小数的加减法，都是把数位对齐来相加减，也就是相同的计数单位相加减。如 0.8–0.73 和 0.8+0.35，需要给 0.8 末尾添上 0，即 8 个 0.1 和 80 个 0.01 相等，大小不变，计数单位变了，使相同数位对齐。即 $0.8=\dfrac{8}{10}$，$0.80=\dfrac{80}{100}$，图式直观理解就是：

---

① ［美］德里斯特尔著．学习心理学［M］．王小明，译．上海：华东师范大学出版社，2008.

 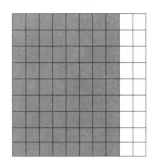

接着迁移到分数的基本性质，引发学生猜想，分数的加减法会如何呢？是不是也要找到相同的分数单位呢？如下图：

$$\frac{1}{2}+\frac{1}{4}=? \qquad \frac{1}{2}-\frac{1}{4}=?$$

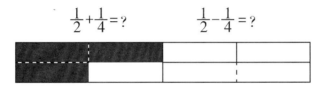

把后续的通分结合进来，把整数、小数和分数的加减法运算又打通了，找到了共性。学生能不断迁移，不断求联，是学会学习的基本表现形式。

皮亚杰认为符号表征是认知发展的核心。在这节课中，由"数集合中寻找相等分数"这个核心问题出发，引发数学内部不同知识组块的关联，同时关注不同思维水平的表征转换，引导学生由抽象的符号表征回到图式直观中，通过具象的图式让学生进一步感悟相等分数的内涵并发现规律，接着又回到抽象的符号系统，引发分数单位的思考，建立整数、小数、分数之间的联系，并在小数的运算中沟通小数的基本性质，借助异分母的加减法铺垫感受分数基本性质的作用，在不断联系、转化中进行了一场高阶思维活动，精彩纷呈！

三、教学价值如何定位：从价值取向的不同维度来设计

无论是一节课，还是一类课，或者是一个领域，教学设计时我们都需要一定的价值观去引领。不同的预设预示着不同的生成。在分数基本性质的学习中，教学价值如何定位呢？我们期望学生得到怎样的价值体验呢？我们尝试着从三个不同维度去设计，分别是以体验基本数学思想为主、以经历探索规律过程为主和以建构完善知识体系为主（见表6-4）。

表6-4　从价值取向的不同维度设计

课　例	教学推进	价值定位
7	寻找等值，体会等价 理解等值，归纳规律 知识应用，感悟守恒	以体验基本数学思想为主
8	猜想—验证—举例—归纳	以经历探索规律过程为主
9	比较大小，发现问题 自主探究，发现规律 拓展应用，体会价值	以建构完善知识体系为主

课例 7：体验基本数学思想

等值分数蕴含着守恒观念和等价类思想，获得守恒的概念是理解等值分数的一个必要条件，张奠宙先生认为一个分数是一个"等价类"，其中最简分数虽然具有某种代表性，却不能代替一切。彼此相等的分数，各有各的用处。打个比方，如果说一个自然数就是一个人，那么一个分数就是一个"大家庭"。大家庭里彼此都有平等的地位，却各有各的价值。[①] 如何以体验基本数学思想为主来设计教学呢？朱乐平老师又给我们做出了演绎。他就分数的基本性质这节课有三个不同的设计，在朱老师下面这节课中，我们发现凸显了以下两点：

（1）朱老师利用单位 1 都相等的图形让学生写分数，在学生按不同的标准分类的基础上，聚焦等价类分数，组织学生通过说一说、写一写、想一想、找一找等活动，去理解等值分数。这个过程借助面积图推进。

（2）面积图有助于学生找出涂色部分面积相等的为一类，涂色部分面积不同的为一类。朱老师通过分类把问题聚焦在等价类分数的理解上，组织学生说一说分类标准、写一写还有哪些分数与之相等、想一想其中的规律等活动，充分调动学生的感官理解等价类分数。

具体的教学过程如下：

活动一：数形结合，看图写分数

（1）幻灯出示很多大小一样的图形（单位 1 相等），这些图形折成不同的

[①]张奠宙．"分数"教学中需要澄清的几个数学问题［J］．小学教学（数学版），2010（1）：6.

等份，并把一部分涂上阴影。让学生用分数表示出阴影部分。

师：同学们是四年级，肯定学过很多分数的内容。请大家用分数表示每个图形阴影部分的大小（做课堂作业第 1 题，图略）。

学生独立填写 $\frac{2}{6}$、$\frac{4}{12}$、$\frac{2}{4}$、$\frac{5}{12}$、$\frac{1}{5}$。

（2）反馈交流：所有的同学都做好了，谁愿意把答案报给同学们听（请一生回答）。请一列一列报。

生：$\frac{4}{12}$、$\frac{4}{12}$、$\frac{4}{12}$、$\frac{1}{2}$、$\frac{5}{12}$、$\frac{1}{5}$。

师：听懂他说的了吗？有不同的做法吗？

生：第二个不同，是 $\frac{2}{6}$，第三个是 $\frac{4}{12}$。

师：第一个说的有道理吗，为什么？

生：第一列的第二个，平均分成 6 份，阴影部分有 2 份，所以可以用 $\frac{2}{6}$ 来表示。

师：下面一个，你再来说。

生：12 个长方形平均分成三份，取出其中的 1 份，所以用 $\frac{4}{12}$ 表示。

师：12 个长方形，4 个看成 1 份，他说的有道理吗？

生：有。

师：太有道理了，挑一个分数来说一说，比如说 $\frac{5}{12}$，在这里为什么用 $\frac{5}{12}$ 来表示它？

生：一个长方形平均分成 12 份，阴影部分占其中的 5 份，所以用 $\frac{5}{12}$ 来表示。

师：也就是说，平均分了以后，一小格可以看作 1 份，这就是 $\frac{5}{12}$ 了，如果 2 小格看作 1 份，那写出来的分数可能就不一样了，比如 $\frac{2}{6}$、$\frac{4}{12}$。如果是 $\frac{5}{12}$ 这样的分数，2 格看作 1 份，写出来就比较麻烦一点，对不对？一个图形画出来，只要平均分了，我们就有办法用分数表示出阴影部分与整个图形的关系。

活动二：独立思考，按等价归类

（1）幻灯片出示：请每一个同学独立思考，将写出的这些分数进行分类。（做课堂作业第 2 题）

学生独立做题，教师巡视。

（2）反馈交流，学生基本上按照如下几种来分：

1）把 $\frac{1}{3}$、$\frac{2}{6}$、$\frac{4}{12}$ 分为一类，因为它们同时还可以用 $\frac{1}{3}$ 来表示。把 $\frac{2}{4}$、$\frac{5}{12}$、$\frac{1}{5}$ 分为一类，因为它们不能同时用 $\frac{1}{3}$ 来表示。

2）$\frac{1}{3}$、$\frac{2}{6}$、$\frac{4}{12}$这些相等的为一类，$\frac{2}{4}$、$\frac{4}{12}$、$\frac{1}{5}$这些不相等的为一类。

3）把第一个、第三个、第五个分为一类，因为它们可以用不同的分数表示同一个图形。

4）分母是单数的为一类，分母是双数的为一类。

5）把第一列的三个分为一类，第二列的三个分为一类，因为第一类取的图形大小一样，第二类不一样。

老师补充，也可以这样来分：$\frac{1}{2}$、$\frac{1}{3}$、$\frac{1}{5}$一类，其余一类，你们猜测它是什么标准。回顾分子都是1的分数，叫做分数单位。

教师小结：其实分类呀，你只要选择一个标准，总有不同的分法，不同的标准分出来的可能不一样，也可能一样。前面几个同学都是按相等不相等来分的，也有同学用面积，还有同学用能不能用$\frac{1}{3}$来表示，这些角度都很好。

活动三：交流研究，讨论找规律

（1）出示一个学生的分类：$\frac{2}{6}$、$\frac{1}{3}$、$\frac{4}{12}$为一类，$\frac{1}{2}$、$\frac{1}{5}$、$\frac{5}{12}$为一类。

师：这个是按什么来分的？

生：我是按阴影部分的大小来分的。

教师课件演示：$\frac{1}{3} = \frac{2}{6} = \frac{4}{12}$ $\frac{1}{2} \neq \frac{1}{5} \neq \frac{5}{12}$

（2）你还能写出一些分数与这些分数相等吗？写一写，想一想，有什么规律？

（学生独立思考，约4分钟）

（3）想一想，你是怎样写出这些相等分数的？

（4）有什么规律？写一写你发现的规律。写完后在小组中交流发现的规律，并讨论怎样表达这个规律，能够让其他同学容易听懂。

交流后老师出示：$\frac{1}{3} = \frac{2}{6}$

师：根据你发现的规律，来说一说，它们是怎么写出来的。

课件演示：分子、分母分别乘2的过程。

要求学生像课件演示的过程一样，写一写$\frac{1}{3} = \frac{2}{6}$（老师课件演示分子和分母除以2的过程）。

（5）再举一些例子，说明你发现的规律是否正确。在你写出的相等分数中，选择一个相等的算式，用纸折一折，说明这两个分数为什么相等。

反馈交流。

（6）老师直接出示分数的基本性质。

分数的基本性质：分数的分子、分母都乘或除以相同的数（0除外），分数的大小不变。

一直以来，朱老师的课总是能给大家呈现一个独特的视角，这节课也不例外。

其一，本节课的教学以寻找、解释"相等分数和不相等分数"为思维主线，不仅充分体现了等值分数所蕴含的基本数学思想，而且在教学推进的过程中根据学生的年龄特征，结合了数形结合、推理验证等思想方法。朱老师聚焦等价类分数的寻找，让学生明白相等的分数是一类，是一个大家庭。在分类过程中，既训练了学生的思维，又帮助学生理清分数单位等知识，为等值分数的理解扫清了障碍。

其二，组织看一看、说一说、写一写、想一想、找一找等活动，充分调动学生的多种感官。根据学习金字塔理论，调动学生的多种感官会加深其在大脑中的"烙印"。"学习金字塔（Cone of Learning）"是由美国学者埃德加·戴尔（Edgar Dale）于1946年率先提出的，也有人翻译成"经验之塔"。美国缅因州的国家训练实验室做过类似的研究，并提出了学习金字塔（Learning Pyramid）理论，结论与戴尔提出的差不多，只是把阅读和听讲交换了次序，认为阅读比聆听记住的东西更多。图6-19是美国缅因州国家训练实验室提出的学习金字塔（Learning Pyramid）。

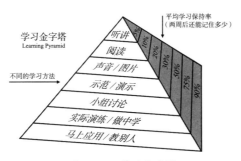

图6-19　学习金字塔

在活动三的小组活动中，朱老师的要求就是"怎样表达这个规律，能够让其他同学容易听懂"，就是处于学习金字塔的最底层"马上应用/教别人"，平均学习保持率（两周后还能记住多少）达到90%。

课例 8：经历探索规律过程

自主探索是学生学习的主要方式之一，学生在自主探索的过程中，学习的主动性得以实现，学习才会更加投入。通过研究发现，现行六套教材都是按"引导学生经历探索过程"这样的思路编排的，凸显"发现—归纳"的环节，有些教材用到了"举例"。

前面多次提到"举例"的作用，实际的课堂教学中老师们给予关注吗？为此，我们也进行了专项统计。我们在学习相关文献时发现，在 2005～2016 年，约 104 篇关于分数基本性质的教学设计中，有举例验证的只占 34.6%（见表 6–5）。

表6–5　104篇关于"分数基本性质"教学设计统计

时间	有举例验证	无举例验证
2005～2016	36	68
	34.6%	65.4%

我们发现在这 34.6% 中有"假"探究，比如下面的这个过程：

第一步，折纸验证 $\frac{1}{2}$、$\frac{2}{4}$、$\frac{4}{8}$，得出规律。

第二步，$\frac{1}{4}$ 也这样变，分数的大小会变吗？请验证你的想法。

第三步，是不是所有的分数都可以这样变化？你能联系商不变性质来举例说明这个性质吗？

第四步，你能用分数表示圆形的绿色部分吗？仔细观察你能得出什么结论？

我们认为这就是被老师牵着鼻子走的"假"探究，为什么这么说呢？因为例子都是教师给他的，学生并不清楚为什么要这样做。

那么，如何以经历探索规律过程为主来设计教学呢？我们也进行了尝试，以自主探索规律为主线，以一张学习单架构整个课堂，让学生自主选择研究分数，让学生自主选择学习方式，经历了一场基于"猜想—验证—举例—归纳"的头脑风暴学习。

1. 课题：分数的基本性质

（设计者：张君霞；授课对象：五年级学生）

2. 教学目标

（1）经历预测猜想、操作验证、合情推理、归纳总结、应用巩固的探索过程，理解和掌握分数的基本性质，知道它与整数除法中商不变性质之间的联系。

（2）学会主动探究合作交流，初步形成严谨求实的科学态度。

3. 教学过程

活动一：举例观察，提出猜想

上课前，对本年级学生做了相关的学前检测：

下面两组分数的大小相等吗？画一画、写一写证明过程（前测结果如图 6-20 所示）。

$$\frac{1}{4} \bigcirc \frac{3}{12} \qquad \frac{6}{9} \bigcirc \frac{2}{3}$$

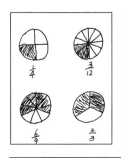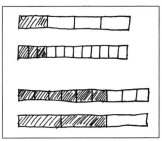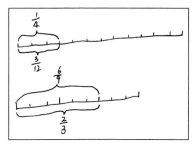

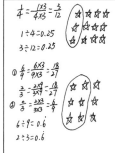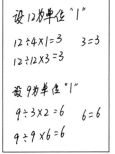

图 6-20　前测中学生的作品

利用前测的资源，引导学生观察，这两组分数是相等的，但它们分子和分母都不同，它们之间有什么变化规律吗？学生提出猜想：分子、分母同时乘或除以任意相同的数（0 除外），分数大小不变，并进行举例验证。

活动二：验证探究，数学建模

（1）学生利用"研究单"探究分数的基本性质（见表 6-6）。

表6-6 学生的研究单

原分数	按规律变化	新分数	想办法证明两个分数是否相等	我的发现
$\dfrac{()}{()}$	分子(　　) 分母(　　)	$\dfrac{()}{()}$		

教师巡视，收集资源。

（2）学生汇报，展示成果。

1）画图说明相等的理由，学生举的例子有所不同，有真分数、假分数还有带分数。

举真分数例子的学生：我写了一个分数，把 $\frac{2}{3}$ 分子乘2，分母也乘2，得到一个新分数 $\frac{4}{6}$，把一个长方形平均分成3份，取其中的2份，再把同样一个长方形平均分成6份，取其中4份，它们的面积相等，所以 $\frac{2}{3} = \frac{4}{6}$。把 $\frac{4}{8}$ 分子除以4，分母也除以4，得到新分数 $\frac{1}{2}$，通过画图，$\frac{4}{8} = \frac{1}{2}$，我的结论是分子、分母同时乘或除以相同的数（0除外），分数大小不变。

从学生的学习单中了解到很多学生举的是类似的例子，画的图形有所不同（见图6-21）。

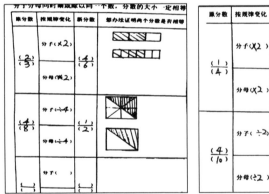

图 6-21 学生举真分数的例子

举带分数和假分数的例子（见图6-22）：

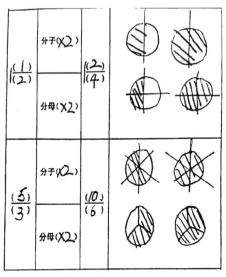

图 6-22　学生举带分数和假分数的例子

生（见图 6-22）：我证明的是带分数和假分数，$1\frac{1}{2}$，先是 1，它是一个整数，用一个完整的圆表示，再把单位 1 的圆平均分成 2 份，取其中的 1 份是半个圆，再是 $1\frac{2}{4}$ 也是一个完整的圆再加半个圆。假分数 $\frac{5}{3}$，是一个完整的圆再加一个圆平均分成 3 份，取其中的两份，而新分数 $\frac{10}{6}$ 是一个完整的圆再加上一个圆平均分成 6 份，取其中的 4 份，它们是相等的。我的结论是带分数和假分数同时乘或除以相同的数，分数的大小也不变。

2）利用分数的意义和分数与除法的关系求商的例子（见图 6-23）。

| $\frac{(1)}{(8)}$ | 分子（×10） | $\frac{(10)}{(80)}$ | $1\div8=0.125$ |
| | 分母（×10） | | $10\div80=0.125$ |

$\frac{(7)}{(40)}$	分子（×5）	$\frac{(35)}{(200)}$	设200为单位"1" $200\div40\times7=35$ $200\div200\times35=35$ $35=35$	分子和分母同时扩大或缩小a倍（0除外）分数大小不变
	分母（×5）			
$\frac{(10)}{(20)}$	分子（÷5）	$\frac{(2)}{(4)}$	$10\div20=0.5$ $2\div4=0.5$ $0.5=0.5$	
	分母（÷5）			

图 6-23　学生分数与除法沟通的验证方法

利用分数的意义来证明分数是否相等，$\frac{7}{40}$ 表示把 200 看成单位 1，把单位 1 平均分成 40 份，取其中的 7 份是 $200\div40\times7=35$，$\frac{7}{40}$ 分子分母同时扩大 5 倍，得到新分数 $\frac{35}{200}$，$\frac{35}{200}$ 表示把 200 看成单位 1，平均分成 200 份，取其中的 35 份

是 $200 \div 200 \times 35 = 35$，所以 $\frac{7}{40} = \frac{35}{200}$。

把分子除以分母，发现它们的商相等，所以两个分数相等。教师追问：同学们仔细观察，这两个相等的除法算式，其实就是以前我们学过的除法的什么性质？

沟通分数的基本性质与商不变性质的联系。

3）有没有同学利用这个变化规律举出来的分数是不相等的？

生：没有。

师：看来符合这个规律变化来的分数，它们的大小是相等的。这就是分数的基本性质。让我们一起来读一读。

师：但刚才还有同学说 0 要除外，为什么呢？有没有同学去证明过？

生：我把 $\frac{1}{2}$ 分子分母同时乘 0 后，原分数就变成了 0，与原分数不相等，且分母也不能为 0，没有意义，如果是除以 0，0 不能作除数，所以没有意义。

师：所以我们要将 0 除外。真是有道理。

（3）教学建模，完善规律。

出示一个学生的作品（见图 6-24），你们看懂了吗？再请这个作品的主人说说他的想法。

原分数	按规律变化	新分数	想办法证明两个分数是否相等
$\frac{(1)}{(10)}$	分子（×n） 分母（×n）	$\frac{(1n)}{(10n)}$	$1 \div 10 = 0.1$ $1n \div 10n = 1 \div 10$ $= 0.1$
$\frac{(1)}{(10)}$	分子（÷n） 分母（÷n）	$\frac{(1 \div n)}{(10 \div n)}$	$1 \div 10 = 0.1$ $(1 \div n) \div (10 \div n)$ $= 1 \div 10$ $= 0.1$

图 6-24　学生作业单

生补充：那如果分数不是 $\frac{1}{10}$，是其他分数呢？我认为可以用下面的式子表示任意分数：$\frac{b}{a} = \frac{b \times n}{a \times n} = \frac{b \div n}{a \div n}$。

师：这些字母有什么条件限制？

生 1：$a \neq 0$，$n \neq 0$。

师：老师真是佩服同学们的聪明才智，说得比老师还好，想得比老师还周到。还有什么问题吗?

生:这个数必须是自然数。

思考:在教师放手给学生充分的时间和空间后,学生的表现是不是让你出乎意料?可以在你的课堂上试着放手一次,相信你会有意外的惊喜!

活动三:练习提升,关注落实。

(1)填一填。

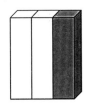 

$$\frac{1}{3}=\frac{1\times5}{3\bigcirc(\ )}=\frac{(\ )}{(\ )}$$

$$\frac{12}{18}=\frac{6}{(\ )}=\frac{(\ )}{6}$$

(2)$\frac{12}{20}=\frac{12-9}{20\bigcirc(\ )}$

师:刚才我们一直在研究的$\frac{12}{20}=\frac{3}{5}$,这个分数会变戏法,能根据分数的基本性质不断地变化分子分母,在生活之中到处存在。

(3)用一用。

科学家研究发现:

1)芭蕾舞演员踮起脚跳舞,从腰到脚尖的长度占身高的$\frac{6}{10}$,看上去舞姿优美。

2)叶片与枝条形成的角度约占周角的$\frac{210}{360}$,这种角度对植物通风和采光效果最佳。

3)室温占人体温度的$\frac{21}{37}$时,人体最舒服。

想一想:$\frac{6}{10}$、$\frac{210}{360}$在下面数轴的哪个位置上?$\frac{21}{37}$大约在什么位置?你是怎么想的?

师:在$\frac{3}{5}$这个点附近有一个神奇的点C,叫黄金分割点。人们利用分数的基本性质在这个点创造了许多神奇的美。数学的神奇还远不止这些,期待同学们不断探索,发现更多的惊喜。

(4)学习很有趣,但也要劳逸结合,教育部对于学生们的休息就做出了规定:

小学生睡眠时间应占一天总时间的 $\frac{3}{8}$，小学生在校时间约占一天总时间的 $\frac{6}{24}$。

师：你能提出什么问题呢？你能解决自己提出的问题吗？

①比一比，在校时间和睡眠时间哪个多？

②估一估，我睡眠时间约占一天时间的 $\frac{(\ )}{(\ )}$，达到标准睡眠时间了吗？

师：以前，我们只学过同分母分数比大小、加减法，这两个分数的分母不相同，怎么办呢？

生：可以利用分数基本性质把分母变成一样的。

师：是啊，分数的基本性质原来有这样的作用，看来今天的学习是有价值的。

课堂演绎很精彩，就我们认为的成功之处做几点解读：

其一，通过举例说明，学生经历完整的自主探索的过程。学生在观察相等分数的基础上，发现分子分母的变化规律，从而提出猜想。经历举例验证的数学探究过程，在探究中充分发挥学生的主观能动性，充分利用学生的生成性资源，归纳、概括分数的基本性质，从而培养创新能力，促进学生可持续发展。

其二，因为例子是学生自己的，学生乐在其中。他们利用自己的方法一步一步与同伴一起经历从直观到抽象，从感性到理性，从特殊到一般的过程，逐步抽象分数的基本性质，渗透数学建模思想。学生探究分数基本性质的数学活动有明确的数学内涵和数学目的，学生自主学习、独立思考，与同伴讨论、分析、展示、表达，充分发挥自主性，真正在学中教，在做中学。生成性资源很丰富，在不断证明分数相等的过程中，既是对分数基本性质的巩固，也是对数学研究方法的体验。

当然，我们也有一点儿困惑。因为在课堂上给了学生充分的时间和空间让学生经历自主探索的过程，在实际的课堂教学过程中，巩固练习的时间很少。那么学生经历探索过程是不是可以代替巩固练习呢？针对这个问题我们做了一次调查，参与投票的数学教师有 168 名，选可以的有 43 票，占 25.6%；认为不可以的有 125 票，占 74.4%。由此可见，大部分的教师还是对我们的学生不够放心，尽管学生给了我们这么多意外的惊喜。

> **思考**
>
> 　　你认为经历探索过程是不是可以代替巩固练习？如果让你设计这节课的练习，你会从哪些角度设计？

课例 9：建构完善知识体系

知识是一个完整的体系，需要对它的来龙去脉有清晰的把握。但往往在学生头脑中所学知识会呈碎片化状态，他们不知道为什么学，不知道学了之后有什么用。分数基本性质教学中也存在着这样的问题。

为什么会如此呢？是因为我们的教学对知识产生的必要性没有明晰的体验，还是因为教材的编排似乎也没有从必要性入手？国外的教材会给我们启发吗？带着这种思考，我们去查阅了新加坡五年级的数学教材，惊喜地发现他们的教材就是直接将等值分数应用到异分母分数加减法中（见图 6-25）。

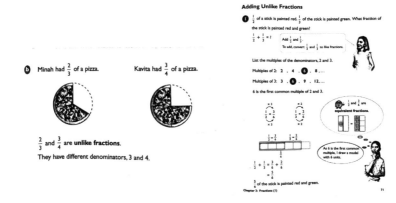

图 6-25　新加坡五年级教材

那么，我们是不是可以从分数基本性质产生的必要性入手，引导学生建构完善的知识体系呢？杭州市富阳区永兴小学的赵胜华老师的课以知识建构为主线，作了很好的诠释。她的课突出了以下两点：

（1）基于比较：分数的基本性质是在异分母分数大小比较的需要中产生的，利用分数的基本性质把分数单位不同的分数变成分数单位一样的分数，才能比较大小。让学生在找分数大小的过程中体会分数的基本性质产生的必要性。

（2）融入体系：新习得的知识只有融入学生已有的知识体系才能比较牢固地保存，学生清楚了分数基本性质的来龙去脉就容易接纳它。

1. 课题：分数的基本性质

（设计者：赵胜华，富阳区永兴小学；学习者：五年级学生）

2.教学目标

（1）通过问题驱动，经历知识产生的必要性，理解分数基本性质，完善知识体系。

（2）发展观察、动手操作和分析比较、抽象概括的能力。

3.教学过程

活动一：数学思考，设疑引入

（1）在数轴上找到表示 $\frac{1}{3}$ 的点，找一个比 $\frac{1}{3}$ 小一点儿的分数，再找一个比 $\frac{1}{3}$ 稍微大一点儿的分数。

1）比 $\frac{1}{3}$ 小一点儿的分数学生找到了 $\frac{1}{4}$、$\frac{1}{9}$、$\frac{1}{6}$，师追问：分子不是1的有没有？

生：$\frac{2}{6}$ 比 $\frac{1}{3}$ 小一点。

师：非常棒，分子不是1了，你们同意吗？

因为数轴上只是按三等份分好的，学生需要时间想一想。思考片刻后就有学生反对，认为 $\frac{2}{6}$ 和 $\frac{1}{3}$ 是一样的，而此时多数学生还是不解，教师在旁边打一个大大的问号，我们待会儿再研究这个问题。教师继续问还有没有不同的答案。

生：$\frac{2}{7}$ 比 $\frac{1}{3}$ 小一点儿。我在心里画过了，在 $\frac{1}{3}$ 的左边一点点儿，所以我确定 $\frac{2}{7}$ 比 $\frac{1}{3}$ 小一点儿。

2）比 $\frac{1}{3}$ 大一点儿的分数学生找到 $\frac{1}{2}$、$\frac{2}{3}$、$\frac{5}{6}$、$\frac{4}{6}$、$\frac{3}{6}$ 等。

（2）思考：分数的大小与分数的什么有关？分子、分母的变化会引起分数怎样的变化？

1）找比 $\frac{1}{3}$ 小一点儿的分数，有一个最简单的方法，就是分子不变，分母变大，这样就能找到很多个了。如果分子也要变的话就有点儿难找。

2）找比 $\frac{1}{3}$ 小一点儿的分数，如果分子分母都要变的话，分子肯定要加得比分母少。可以先找到一个分母比3大但是分数一样大的，比如 $\frac{2}{6}$ 和 $\frac{3}{9}$，这样就可以知道 $\frac{1}{6}$、$\frac{2}{9}$、$\frac{1}{9}$ 都是比 $\frac{1}{3}$ 小一点儿的分数。

师追问：这种方法的确厉害，他的这个方法你们听懂了吗？

请学生进一步说明理由。

3）找比 $\frac{1}{3}$ 大一点儿的分数，方法与找比 $\frac{1}{3}$ 小一点儿的分数相类似。

（3）教师小结。

活动二：新知探究，说明验证

（1）提出要求，自主探究。相信大家对刚才一下子就能找到那么多分数的同学非常好奇，可能还不是很明白，真的能找到跟 $\frac{1}{3}$ 一样大的分数吗？而且还不止一个？这跟我们学过的整数可不太一样啊。接下来，同学们就去找找看，找到变化的规律，并想办法验证为什么分子、分母要这样变化？把你的想法表示出来，让别人一看就明白。

（2）巡视了解，收集作品。

（3）展示作品，交流反馈。

1）用面积图表示，大多选择长方形、正方形等，因为它们表示的阴影部分面积相等，所以 $\frac{1}{3} = \frac{2}{6}$。

2）用线段图表示，在三等分的基础上，把每份再平均分成两份，两个分数都表示同一个点，所以相等。指着线段图追问：还有哪些分数也在这个点上？

生：继续分下去，$\frac{4}{12}$、$\frac{8}{24}$ 也等于 $\frac{1}{3}$。

还有学生补充：$\frac{3}{9}$、$\frac{5}{15}$ 等。

学生说，教师在课件中演示。

3）有这么多啊，有没有哪个同学能用一句话把它们全说出来。先自己想一想、写一写。写好了再把这句话说给你小组里的伙伴听。

梳理补充得出：分数的分子和分母同时乘或除以一个相同的数（零除外），分数的大小不变。

（4）总结规律：分数大小不变，分子和分母的变化是非常特别的，你来取个名字。

生：分数不变的性质。

在数学上我们叫分数的基本性质，也可以说成分数相等的性质。

活动三：拓展应用，体会价值

（1）在数轴上找到 $\frac{75}{100}$ 的点，体会化繁为简的妙处。

（2）比较 $\frac{2}{3}$ 与 $\frac{10}{24}$ 的大小。

（3）你会算吗？

$\frac{1}{3} + \frac{1}{4} = ?$ 你会利用分数的基本性质解决这个问题吗？你打算怎么解决？

> **思考**
>
> 以知识建构为主线来设计教学，你还有没有别的思路呢？相信你会有不一样的想法，可以在自己的课堂上试试。

这节课的教学始终围绕"如何寻找与 $\frac{1}{3}$ 相等、不相等的分数"这一主线展开，显然这是一堂不可多得的好课。教学先在找大小中引发思维冲突，让学生感受分数基本性质产生的必要性，体会到"数学是有用的"，接着学生带着自己发现的问题自主探究，在探究后发现规律，然后想办法去验证规律。从找比 $\frac{1}{3}$ 小一点儿和大一点儿的分数到找与 $\frac{1}{3}$ 相等的分数，从"分数的大小与分数的什么有关，分子、分母的变化会引起分数怎样的变化"到"找到变化的规律，并想办法验证为什么分子分母要这样变化"，学生经历了分数基本性质的建构过程。

本节课的教学不仅帮助学生经历了知识产生的必要性的过程，重建了认知结构，同时还在课尾引出异分母分数的加法，使学生认识到知识的前后联系，从而建构完善的知识体系，引发学生新的猜测和思考，激发学生继续探索的欲望。

通过错题研究我们发现，学生在分数基本性质的课后练习中，错误主要集中在非等值分数的大小比较上，学生不会主动地与学过的分数基本性质对接，不会用学过的知识解决问题。我们有理由相信，如果在教学中使学生对于知识产生的必要性、用途有非常清晰的体验，学生在用知识时就会举一反三。

主要参考文献

［1］范文贵.小学数学教学论［M］.上海：华东师范大学出版社,2011.

［2］［美］伍鸿熙（Hung-His Wu）著.赵洁,林开亮,译.数学家讲解小学数学［M］.北京：北京大学出版社,2016.

［3］中华人民共和国教育部.义务教育数学课程标准（2011年版）［M］.北京：北京师范大学出版社,2011.

［4］上海市小学教师进修学校教材编写组.算术基础理论［M］.上海：上海教育出版社,1983.

［5］韩玉蕾,辛自强,胡清芬.等值分数概念的理解［J］.心理发展与教育,2012（2）:210-217.

［6］王永.分数基本性质的地位与作用［DB/OL］.http://www.docin.com/p-1602026516.html.

［7］谭菊兰.从历史视角看《分数基本性质》的教学研究［DB/O］.https://wenku.baidu.com/view/53f47d04cc17552707220809.html.

［8］朱乐平."分数基本性质教学研究"校本教研活动方案［J］.教学月刊,2013（3）:11-16.

［9］课程教材研究所.20世纪中国中小学课程标准·数学大纲汇编：数学卷［M］.北京：人民教育出版社,1999.

［10］曹一鸣.十三国数学课程标准评介（小学、初中卷）［M］.北京：北京师范大学出版社,2012.

［11］陈琦,刘儒德.当代教育心理学［M］.北京：北京师范大学出版社,2003.

［12］刘秀梅.论数学图式的类型、特点及功能［J］.宿州教育学院学报,2007（4）:183-184,186.

［13］何小亚.学生数学素养指标的理论分析［J］.数学教育学报,2015,24（1）:13-20.

［14］何小亚.数学核心素养指标之反思［J］.中学数学研究（华南师范大

学版），2016（7）:1-4.

［15］王乃涛.数学图式:促进教和学的意义融通［J］.数学学习与研究，2011（24）:58-59.

［16］管雅利.思维过程图形化——图式思维在初中科学教学中的应用［N］.长春教育学报，2011:27.

［17］朱乐平.圆的认识教学研究［M］.北京:教育科学出版社，2014.

［18］盛群力等.学与教的新方式［M］.杭州:浙江大学出版社，2007.

［19］邵朝友，周文叶，崔允漷.基于核心素养的课程标准研究:国际经验与启示［J］.全球教育展望，2015（8）:14-22.

［20］宋运明.我国小学数学新教材中例题编写特点研究［D］.重庆:西南师范大学，2014:45-62.

［21］刘春晖，辛自强.五—八年级学生分数概念的发展［J］.数学教育学报，2010，19（5）:59-63.

［22］苏洪雨.七年级学生分数学习情况的调查研究［J］.数学教育学报，2007，16（4）:48-51.

［23］张文宇，张守波.海峡两岸小学数学教材分数内容例题的比较研究［J］.数学教育学报，2015（3）: 68-72.

［24］吕玉琴.分数概念:文献探讨［J］.台北师院学报，1991（14）: 573-605.

［25］史宁中.基本概念与运算法则——小学数学教学中的核心问题［M］.北京:高等教育出版社，2013.

［26］蒲淑萍."中国美国新加坡"小学数学教材中的"分数定义"［J］.数学教育学报，2013，22（4）: 21-24.

［27］高文君，鲍建生.中美教材习题的数学认知水平比较:以二次方程及函数为例［J］.数学教育学报，2009，18（4）:57-60.

［28］周超.八年级学生数学认知水平的检测与相关分析［D］.上海:华东师范大学，2009:70.

［29］刘梦泸.人教版小学数学高年级教科书习题研究——基于马扎诺教育目标新分类学理论［D］.漳州:闽南师范大学，2015:34.

［30］张奠宙.分数相等性质的数学内涵:兼及角的定义［J］.小学教学（数学版），2014（6）:4-5.

［31］熊妍茜，郭萌，陈朝东．小学数学教科书中分数概念呈现的比较研究——以大陆人教版和台湾康轩版为例［J］．内蒙古师范大学学报，2015（12）:142-146.

［32］刘琳娜．在把握基本思想中设计学习活动——对"分数基本性质"一课的思考［J］．江西教育，2013（6）:12-15.

［33］张君霞．分数基本性质"图式思维"水平差异研究［J］．教学月刊（小学版），2013（5）:25-29.

［34］［美］基思·德夫林．数学思维导论——像数学家一样思考［M］．林恩，译．北京:人民邮电出版社，2016.

［35］章勤琼，徐文彬．论小学数学中分数的多层级理解及其教学［J］．课程教材教法，2016（3）:43-49.

［36］李仙苹．小学五年级学生分数知识学习的错误类型之研究［D］．天津:天津师范大学，2012:48.

［37］杨婷．学生分数概念错误及其发展研究［D］．杭州:杭州师范大学，2015:12.

［38］孟庆阳，任占杰．"分数的基本性质"教学实录与评析［J］．小学数学教育，2016（5）:54-57.

［39］范建国．分数的基本性质教案［J］．天津教育，1987（10）:28.

［40］吕新．分数基本性质［J］．四川教育，1989（1）:28.

［41］马国臻．分数的基本性质教案［J］．小学教学研究，1990（3）:22.

［42］李家永．分数的基本性质教学设计与评析［J］．云南教育（小学教师），1999（4）:45.

［43］李斌．分数的基本性质教学设计与评析［J］．小学教学参考（数学），2008（3）:14.

［44］李立波．分数的基本性质教学课例及评析［J］．辽宁教育，2009(1-2):104.

［45］秦兴华．分数的基本性质教学设计［J］．陕西教育（教学版），2010（Z1）:25.

［46］张冬玲．分数的基本性质教学纪实与反思［J］．黑龙江教育·小学，2011（5）:29.

［47］高峰龄．分数的基本性质教学设计［J］．教学与管理，2012（5）:57.

[48] 曾力.分数的基本性质教学设计[J].小学教学(数学版),2014(6):21.

[49] 黄翠华.分数的基本性质教学设计[J].云南教育,1994(5):47.

[50] 张培华.分数的基本性质教学设计[J].小学教学研究,1995(4):24.

[51] 白丽娟.关注学习过程 实施有效探究——分数的基本性质教学案例及反思[J].新课程·小学,2010(1):64.

[52] 杨璠.分数的基本性质教学设计与说明[J].教育研究与评论·小学教育教学,2012(4):53.

[53] 宋爱华.分数的基本性质教学实践及反思[J].小学数学教育,2013(6):60.

[54] 孟庆阳.分数的基本性质教学实录与评析[J].小学数学教育,2015(3):63.

[55] 朱德江.分数的基本性质教学设计[J].黑龙江教育·小学文选,2007(7-8):92.

[56] 武秀华.分数的基本性质教学纪实与反思[J].黑龙江教育·小学,2011(5):32.

[57] 陈红云.分数的基本性质导学设计与评析[J].小学时代(教育研究),2011(1):116.

[58] 周小英.分数的基本性质教学设计[J].小学教学参考(数学),2017(1):73.

[59] [美]德里斯特尔著.学习心理学[M].王小明,译.上海:华东师范大学出版社,2008.

[60] 张奠宙."分数"教学中需要澄清的几个数学问题[J].小学教学(数学版),2010(1):6.

[61] 葛素儿.基于图式化素养的分数基本性质教学探索[J].教学月刊:小学数学版,2017(12):27-31.

[62] 葛素儿."分数的基本性质"教材比较研究[J].小学教学(数学版),2017(9):23-26.

[63] 葛素儿.基于经验,思维可视——《等值分数》的教学思考与实践[J].小学教学设计(数学版),2018(4):24-25.

[64] 葛素儿.借助直观,表征思维——以"分数的基本性质"教学为例[J].新教师,2017(11):36-38.

后　记

2015 年夏天，是我第二次进入朱乐平老师的名师工作室研修。第一次是在十年前，从那时起，我就是朱老师最忠实的粉丝，十年来从未改变。这次集中大家通过抽签决定了自己的研究课题。至今清楚地记得当时抽到了两个惊喜，一个是研究课题"分数的基本性质"，另一个是合作伙伴葛素儿老师。朱老师说，抽签就像是上天安排好的。是啊，一切都是上天最好的安排！

"分数的基本性质"这节课，我曾经上过省市级赛课，得到过浙江省教研员斯老师、丽水市省特级教师、丽水市教研员的亲自指导，留给我许多宝贵的意见。小数界的名师们研究这节课并不算多，这节课还有什么东西可研究呢？一节课怎么可能写成一本书？我完全不知道。

葛素儿老师给人的第一印象稳重寡言。但一发言必惊四座，一讲话必得朱老师赞赏。我心里窃喜，话语间听得她必定是一个研究高手，和高手在一起，可以拉高我的智商啊，可她愿意带着我前进吗？

怀着忐忑、不安、期待的心情，就这样开始了两年多的"一课研究"。现在回头，发现上面的几个问题始终跟随着我，我也似乎找到了些许答案。

怎样把这一节课写成一本书？

旁听起步，且看高手华山论剑。走进"一课研究"这个团队，我认识了很多班级里的"学霸"，学习了他们很多实证研究的方法，聆听了许多国内顶级专家的报告，触碰到世界小数研究最前沿的视野。我如饥似渴地听着记着，也欣喜地将听到的、学到的、思考的传达给更多的老师。但是我的课仍然没有任何动静。我们仍然没有问题，最大的问题就是提不出问题，怎么办？

迈步研究，磕磕绊绊发现问题。发现不了问题大抵是因为我还只是一个看客,而绝知此事要躬行。那么就走进学生,走进课堂吧。可怎么走,走到哪儿呢?出几道题前测一下? 我要测试什么呢? 这样的测试卷行吗? 教学设计可以从哪几个维度展开？知网能搜到的教学设计似乎也是大同小异，我怎么才能展示自己的特色呢？问题很多很大，可谁也给不了答案，只有自己尝试，才能发现问题，提出问题，解决问题。

两年多以来，每每到了五年级分数基本性质，我必组织开展前测，开展不同版本设计的课堂教学实践。从毫无目的想测啥就测啥，到有目的修正方案，逐字逐句斟酌；从五年级测到四年级，从学期中间测到假期培训班学生，从城里到乡镇，从丽水到杭州，我们的针对性越来越强，发现的问题越来越多，研究的方法也更加趋向科学规范。什么才是最接近孩子认知基础的，什么是学生最难理解的，我们在课堂上要突破什么难点，发展什么能力，前测给了教学设计很多启示，也给我们带来很多问题。为了解决问题，我们开始大量的课堂教学实践，三届五年级我都组织了4位老师同课异构，随着大量资料的查阅和对性质本质的深入理解，我们还将课从五年级上到了四年级，为了弄清楚更多的问题，我千里迢迢从丽水赶到富阳，与葛老师一起研究"同课异构"。在实践与学习的过程中，有些问题查明白了，可有些问题仍然不明白，怎么办？

主题汇报，逼上梁山写出成果。葛老师说你去汇报吧，向更多的高手提出我们的问题。在葛老师的帮助和鼓励下，我先后在全班做了两次网络交流，两次现场汇报，朱老师和同学们都给予了许多鼓励，更有许多中肯的宝贵建议，各路高手也帮助我们解决了许多没有搞清楚的问题。收获是巨大的，但过程也是如此艰辛，我想，再也没有什么能比"上台汇报"更能逼着自己废寝忘食地努力了，什么拖延症，什么解决不了的问题，统统在"上台汇报"四个字面前粉身碎骨。所以，你想逼自己一把吗？那就上台汇报吧！

而上台汇报，不得不提的就是我的组长、师友葛素儿老师。我们的友谊以及我对她的崇拜就是在上台汇报当中建立起来的。她究竟是一个怎样的人呢？

葛老师总说，你放心地去汇报吧，有我在呢！这话说得暖心，更说得掷地有声。多少个被我缠住的深夜，多少次反复调整，多少张手写框架手稿，多少个逐字推敲的细节，都已数不清。当我最混乱、最迷茫的时候，葛老师总能如醍醐灌顶般让我惊叹于她提纲挈领的能力和博大精深的理论功底。我对她有一种崇拜的快感，世上竟有这样的人，总有这种拨云见日的能力！葛老师说，我们俩是最佳搭档。如果能一直这样搭档下去，一定是我之幸事！感谢亦师亦友的葛老师。

团队给我的帮助和令我感动的事情太多，不得不提最尊敬的朱乐平老师，每次汇报前，总是能得到朱老师全面细致的单独辅导。无数条指导的语音、文字都是留在手机里最宝贵的财富。记得十几年前一次赛课，我也冒昧地给朱老师打电话，朱老师在电话里不厌其烦地指导了2个多小时，指导前的一番话更是让我感动至今，他说，你是用自己的手机打的吗？如果是，在前面加这几个数字，能省长途费，如果不方便，用我的电话打给你会便宜一点儿。是啊，所谓大家，不光是学识大家，更是品德大家！这就是德艺双馨的大家！朱老师总说，我们要做一点儿好事。朴实无华的语言，引领着一个温暖互助、创新进取的"一课研究"团队！

感谢朱老师，感谢"一课研究"团队，感谢我们的四人小组！期待未来还能继续同行！

张君霞

二〇一七年八月十五日